项目名称：高等师范院校师范专业毕业实习改革研究
编　　号：2016—JSJYZD—051

师范生职业生涯规划与教学能力培养研究
shifansheng zhiye shengya guihua yu jiaoxue nengli peiyang yanjiu

张献图　著

陕西新华出版传媒集团
陕西科学技术出版社
———西安———

图书在版编目(CIP)数据

师范生职业生涯规划与教学能力培养研究 / 张献图著. —— 西安：陕西科学技术出版社，2022.6
ISBN 978-7-5369-8139-3

Ⅰ.①师… Ⅱ.①张… Ⅲ.①师范教育－职业选择－教学研究②师范教育－教学能力－研究 Ⅳ.①G65

中国版本图书馆 CIP 数据核字(2021)第 118358 号

shifansheng zhiye shengya guihua yu jiaoxue nengli peiyang yanjiu
师范生职业生涯规划与教学能力培养研究
张献图 著

责任编辑：	郭勇 李栋
封面设计：	张爽

出 版 者	陕西新华出版传媒集团　陕西科学技术出版社
	西安市曲江新区登高路 1388 号陕西新华出版传媒产业大厦 B 座
	http://www.snstp.com
发 行 者	陕西新华出版传媒集团　陕西科学技术出版社
	电话(029)81205180　81206809
印　　刷	陕西隆昌印刷有限公司
规　　格	787mm×1092mm　16 开本
印　　张	9.5
字　　数	201 千字
版　　次	2022 年 6 月第 1 版
	2022 年 6 月第 1 次印刷
书　　号	ISBN 978-7-5369-8139-3
定　　价	58.00 元

版权所有　翻印必究

目 录

第一章 职业生涯规划概述 ... 1
- 第一节 职业生涯规划简介 ... 1
- 第二节 职业生涯规划意识 ... 7
- 第三节 职业生涯规划的经典理论 ... 13

第二章 师范生就业形势与职业生涯发展 ... 19
- 第一节 师范生职业认知与就业认知 ... 19
- 第二节 师范生就业形势 ... 23
- 第三节 师范生职业生涯发展与规划 ... 29

第三章 师范生自我认知与专业认知 ... 33
- 第一节 师范生自我认知 ... 33
- 第二节 师范生专业认知 ... 46

第四章 师范生职业认同与职业道德 ... 50
- 第一节 教师职业认同 ... 50
- 第二节 教师职业道德 ... 56
- 第三节 教师职业道德规范 ... 63

第五章 师范生职业理想培育 ... 66
- 第一节 师范生职业理想培育的主要内容 ... 66
- 第二节 师范生职业理想培育的意义 ... 70
- 第三节 师范生职业理想培育的路径 ... 73

第六章 师范生教育实习 ... 82
- 第一节 教育实习的性质和意义 ... 82
- 第二节 教育实习的任务与作用 ... 85
- 第三节 教育实习的实施形式 ... 88
- 第四节 教育实习的现状 ... 90
- 第五节 教育实习的改进措施 ... 93

第七章 师范生就业技能培育 ... 95
- 第一节 教学设计与教案编写 ... 95
- 第二节 课堂教学技能 ... 105
- 第三节 说课技能 ... 118

第八章 师范生就业程序与就业权益保障 ... 128
- 第一节 师范生就业程序 ... 128
- 第二节 师范生就业权益保障 ... 139

参考文献 ... 147

第一章 职业生涯规划概述

第一节 职业生涯规划简介

职业生涯规划是人力资源管理(HRM)的一种现象和要求。HRM 是英文 human resource management 的缩写,是指运用现代化的科学方法,对与一定物力相结合的人力进行合理的培训、组织和调配,使人力、物力经常保持最佳比例,同时对人的思想、心理和行为进行恰当的诱导、控制和协调,充分发挥人的主观能动性,使人尽其才、事得其人、人事相宜,以实现组织目标。

作为人力资源重要组成部分的大学生,在思考人生、准备职业生涯规划的同时了解什么是人力资源管理,在社会需要和人才竞争中认识和着手职业生涯规划是十分必要的,也就是说,在人力资源管理的视角下,大学生职业生涯规划是组织内人力资源规划的重要组成部分,大学生职业生涯规划始终必须兼顾个人发展和组织发展,二者相辅相成,缺一不可。因此,大学生必须重视以下两个视角及其相应的要求:

(1)从人力资源管理对个人素质要求的视角看,职业生涯规划必然促使大学生通过不断提高综合素质和发展潜力,增强应对职业人生挑战的能力。

(2)从人力资源管理中人才市场、人职匹配需要的视角看,职业生涯规划必然促使大学生通过加强岗位了解和社会认知,增强应对社会挑战的能力。

一、职业生涯规划的概念

职业生涯规划也有人称之为职业规划、职业设计或职业发展规划。

职业生涯规划是指个人与组织相结合,在对一个人职业生涯的主客观条件进行测定、分析、总结的基础上,对自己的兴趣、爱好、能力、特点进行综合分析与权衡,结合时代特点,根据自己的职业倾向,确定最佳的职业奋斗目标,并为实现这一目标做出行之有效的安排。

二、职业生涯规划的分类

职业生涯规划常见的分类有三种:

(1)按规划主导者的不同,职业生涯规划可分为个人对自己进行的个体生涯规划和组织对员工进行的职业生涯规划。

在任何社会、任何体制下,两者相比,个人职业设计更为重要,它是人的职业生涯发展的真正动力和加速器,其实质是追求最佳职业生涯发展道路的过程。对于组织来说,良好的职业生涯管理体系还可以充分发挥员工的潜能,给员工一个明确而具体的职业发展引导,从人力资本增值的角度达成单位价值最大化。

因此,这里要提到职业生涯规划的双重视角,即基于组织发展的个人职业生涯规划和基于个人发展的职业生涯规划。任何一份切实可行的职业规划,肯定都要充分兼顾个人和组织两方面。

(2)按规划内容性质的不同,职业生涯规划可分为内职业生涯规划与外职业生涯规划。

内职业生涯是指从事一种职业时的知识、观念、经验、能力、心理素质、内心感受等因素的组合及其变化过程,它是别人无法替代和窃取的人生财富。内职业生涯规划是指对职业生涯发展中透过提升自身素质与职业技能而获取的个人综合能力、社会地位及荣誉的总和的规划。大学生活以校园为主,这决定了大学生职业生涯规划的大学阶段应以内职业生涯发展为重心。

外职业生涯是指工作时间、地点、单位、工作内容、职务职称、待遇等的组合及其变化,它是依赖内职业生涯的发展而增长的。外职业生涯规划是指对职业生涯过程中所经历的职业角色(职位)及获取的物质财富总和的规划。

内职业生涯因素主要是靠自己的不断探索而获得,不随外职业生涯的获得而自动具备,也不会由于外职业生涯的失去而自动丧失,认识到这一点对大学生提高学习的目的性和积极性尤其重要。内职业生涯的发展可以带动外职业生涯的发展,外职业生涯发展顺利,也可以促进内职业生涯的发展。只有内外职业生涯协同发展、相辅相成,职业生涯之旅才能一帆风顺。

(3)按主体心理反应的不同,职业生涯规划分为依赖型、直觉型、理性型三种类型。

依赖型:依赖父母、朋友、老师等,或遵从书本与社会舆论。

在我国,大部分学生从小专注于书本学习,就业前往往较少关注职业信息,学校、社会对未成年人的职业教育也缺乏重视,这就导致很多人工作以后才考虑职业规划。因为缺乏职业认识,缺乏对职业生涯规划的认知,不少人进行职业选择和职业规划时往往依赖父母、朋友的意见以及社会舆论的导向等外在环境因素。

直觉型:凭自己直觉、一时喜好做决定。

在大学生就业案例中,不少人都曾经在某一阶段凭喜好做出职业决定,譬如因为爱情而选择到某地工作,因为同事关系欠佳而辞职或跳槽,因收入不高盲目追求高薪行业,等等。

这种类型的人职业生涯最容易出现的隐患就是职业生涯不连贯,在每一领域的积累都不多,很难晋升到中高层,职业前途不容乐观。

理性型:综合考虑个人与职场等因素,分析利弊得失,制定并执行相应的计划。

排除少数运气好的人,大部分职场成功人士在规划自己的职业生涯时,都是非常理性的。他们会及时关注职业信息,充分了解自我,制定合适的目标,并为实现目标不断努力。

三种类型各有利弊。依赖型最省时省力,但是将自己的命运托付给他人,终究是件不稳定甚至是危险的事情;直觉型短期内看似解决问题,可是从长期看随机性太强,风险较大;理性型考虑周全,但是时间与精力消耗较多。相对而言,理性型是值得重视和争取的目标。

三、职业生涯规划的基本原则

(一)持久原则

持久原则直接体现了规划的基本要旨——立足长远。持久原则要求,必须厘清事物本身的客观规律及变化趋势。同时,不管困难有多大,要相信存在改变当前状况的余地。更为重要的是,不可拘泥于具体事件的一时成败,养成足够的耐心,深信"坚持就是胜利",从根本上解决人生职业生涯中的难题。

有一则发生在古希腊的故事:

开学第一天,大哲学家苏格拉底对学生说:"今天咱们只学一件最简单也是最容易做的事。每人把胳膊尽量往前甩。"说着,苏格拉底示范了一遍,"从今天开始,每天做300下,大家能做到吗?"学生们都笑了,这么简单的事,有什么做不到的!过了一个月,苏格拉底问学生们:"每天甩300下,哪些同学坚持了?"有90%的同学骄傲地举起了手。又过了一个月,苏格拉底又问,这回,坚持下来的学生只剩下八成了。一年后,苏格拉底再一次问大家:"请告诉我,最简单的甩手运动,还有哪几位同学坚持了?"这时,整个教室里只有一人举起了手。这个学生就是古希腊另一位大哲学家柏拉图。

(二)藐视原则

藐视原则糅合了规划的宏观审视和微观考量。

藐视原则要求,在战略上要藐视一切困难,树立"必胜的信心",只有这样,才有勇气去克服困难;在战术上要重视每一个局部、细节的困难,从一个个局部、环节上分步骤或分阶段地逐一解决问题。

越国被吴国灭亡后,面对强大的吴国,勾践毫不畏惧,立志报仇雪耻。他生活上"卧薪尝胆",在吃饭的地方挂上一枚苦胆,每逢吃饭的时候,就先尝一尝苦味,还问自己:"你忘了会稽的耻辱吗?"并把席子撤去,用柴草当做褥子。他还亲自参加耕种,叫夫人自己动手织布,用以鼓励生产。他制定了奖励生育的制度,增加人口。他让文种管理国家大事,派范蠡训练人马,自己虚心听取别人的意见,救济贫苦的百姓。经过整整20年一步步、一点点的积累,历尽千辛万苦,越国终于战胜了吴国。

(三)生存原则

生存原则宣示了职业生涯规划的价值底线。客观地说,在职业生涯中,我们不可能在客观物质条件许可的范围外企盼奇迹发生。一切发展只有基于现实物质条件的许可,而生存原则就是实现这一思想的集中体现。追求发展是必然的,而生存是必需的,这两者并无矛盾的地方,换言之,生存是第一位的,只有首先让自己生存下来,才能谈得上追求发展。

世界时装大师皮尔·卡丹小时候最渴望自己能成为一名舞蹈家。可是,困难的家境只允许他到一家裁缝店当学徒工。他不喜欢做裁缝,整天为无法摆脱困境而痛苦。有一天,他决定给一位自己崇拜的舞蹈家写信,希望对方能收他做学生,帮助他实现人生理想。后来,舞蹈家回信告诉他,自己小时候的理想是做一名伟大的科学家,可是,因为家境贫寒,只好跟随一名街头卖唱的艺人四处卖唱。舞蹈家说,人活在世上,理想往往和现实之间有着很大的距离,但是,人首先要选择生存,只有先让自己生存下来,才会有机会去实现自己的理想,不能生存的人是没有资格谈论理想的。舞蹈家的回信深深震撼了皮尔·卡丹。从此,他在裁缝店里勤奋学习,后来成立了自己的时装公司,做出了世界级的服装品牌。

(四)立足点原则

立足点原则告诉我们,人都是从失败中学习、长大的,没有天生的成功者。对待失败的方法,不在于设法追寻不失败,而是在于实施立足点战略,让自己有能力应对失败,支撑自己渡过难关。在实际工作中,与其担心出问题而束手束脚,倒不如在落实具体任务和规程的基础上,实事求是地设定一个较低的奋斗目标,立足于这个目标,然后放手大胆地工作,每取得一点超出我们预定目标的成绩,都是实在的积累,都是对我们的巨大激励。

职场中许多人会遇到"职业瓶颈",比如,怀疑自己所从事的行业前景,经常感觉疲劳,对工作失去兴趣等。专家认为,遇到了职业瓶颈,无论是走是留,首先要分析导致职业瓶颈出现的原因是什么,尽早发现自己的职业兴趣、职业价值观和职业优势。越早找到与自己相匹配的目标工作和行业,找到立足点,就越容易在工作中得到幸福感和满足感。也可以学习新的知识,不断扩大工作技能范围,加强自身的竞争能力,还可以得到心理上的满足感。

(五)集中力量原则

集中力量原则揭示了一个基本道理就是"把握机遇,促成质变"。集中力量是由平凡变为不平凡的卓越法则。如何着手解决问题呢?要选择一个最容易实行的地方,集中几倍的力量去实现。这需要精心选择时机、地点,要保证初战必胜,这就是开始。不能把有限的力量分散在许多问题上,企图解决每个问题,最终一个都解决不了;或者吝啬地分配力量希望以少胜多,想要以较小的代价去解决问题,这在战略上这是可行的、科学的,但在战术上这是错误的。职场上的相关事例很多,比如,很多知识和能力都不错的人,如果让他们集中精力专注于一项工作,他们都能把这项工作做得很好,甚至能成就一番事业。但是,其中不少人的行动往往被感觉、情绪左右,被各种事情牵绊,以至于无法始终专注于一个明确目标,结果绩效平平,难成大事。因此,专家形象地建议,要把需要做的事想象成是一排抽屉中的一个打开的抽屉。不要总想着其他的抽屉,而要将精力集中于你已经打开的那个抽屉上。

四、职业生涯规划的逻辑与流程

(一)职业生涯规划的逻辑

这里介绍职业生涯规划常用的两种逻辑。

1.以时间为逻辑

这种逻辑充分体现了规划的时间性特点,比如常见的按年龄(如规划26岁成为部门负责人,33岁进入单位决策层)或按时间跨度(如三年计划或五年计划)进行规划。

2.以步骤为逻辑

这种逻辑指明了规划行动的一般顺序,是职业生涯规划较为常用的一种逻辑形式。

以步骤为逻辑的职业生涯规划主要有三种提法,都具有表述直观、关键环节突出的优点:

(1)"三步"法——确定目标、制定计划、执行计划。这种提法的优点是抓住关键,简单明了,容易理解,但过于笼统。

(2)"四择"法——择己所爱、择己所能、择世所需、择己所利。这种提法容易理解和记忆,广为流传,但是"四择"中多达三个"己",在强调自我认知重要性的同时也容易导致一切以自我为中心的偏颇。

(3)"5W"法——这个提法最为流行,具体来说就是要解决职业生涯规划中的五个用英文表达的具体问题和步骤:

• Who are you?(你是谁?)是指对自己进行一次深刻的反思,把自己的优点和缺点都一一列出来,对自己有一个全面、客观、清醒的认识。

• What do you want?(你想干什么?)是指对自己的职业发展有一个心理倾向的检查,知道自己需要什么样的职业和生活。

• What can you do?(你能干什么?)是指要清楚自己能干什么或者可能有哪方面的发展潜力。

• What can support you?(环境支持或允许你干什么?)是指通过对主客观因素的深入调查,对自己发展所需要的环境资源做出可行性分析。

• What you can be in the end?(最后你将成就什么?)是指确立自己最终的职业目标。

(二)职业生涯规划的基本内容和基本流程

第一步:树立正确的发展信念

职业生涯规划是在谋求发展的信念支配下展开的。简单来说,是指信念引导规划。

罗杰·罗尔斯说:"信念值多少钱?信念是没有价值的,它有时甚至是一个善意的欺骗。然而,你一旦坚持下去,它就会迅速升值。"

世界上所有成功者,虽然成功的情况各不相同,但有一点是高度一致的,那就是他们都具有明确的奋斗目标和积极的人生态度——那是人发展的内驱力、原动力,能够持续地激发自己内心成功的欲望和奋斗的激情。

第二步:自我认识与评估

职业生涯规划一般是在了解自我的基础上确定适合自己的职业方向、目标,并制定相应的计划。因此,个人规划的第一步就是客观地分析自我。

自我认识和评估就是对内在因素的认识和评估,包括健康状况、教育背景、经济状况、年龄性别、兴趣爱好、价值观、能力、个性特征等内容。

第三步:环境分析和评估

环境分析和评估就是对外在因素的认识和评估,包括家庭对自己的要求和希望,朋友之间的影响以及社会环境、经济态势、行业状况等。

有人说阿里巴巴总裁马云成功的因素固然有多种,但关键因素是他善于思考,而这种思考主要就是"分析和评估"。由于前期的决策失误,阿里巴巴一度陷入了高危机的状态,按照当时的情况,阿里巴巴顶多只能支撑半年。作为阿里巴巴的领军人物,马云思考的焦点就是如何杀出重围。马云之所以能够成功,就在于他能够在科学分析和评估当时社会环境、经济态势和行业状况的基础上,大胆创新,独创了"诚信通"网上交易平台,及时进行调整,面对巨大的压力迎难而上。

第四步:进行职业决策

职业决策就是职业方向定位。良好的职业方向定位是以自己的最佳才能、最优性格、最大兴趣、最有利的环境等信息为依据,寻求性格、兴趣、特长、专业等方面与职业的匹配。

刘翔从小就热爱体育项目,他学过跳高,练过短跑,很早就立志成为一名世界顶尖的优秀运动员。但是,在训练中他发现自己比世界顶尖的短跑好手跑得慢,不如世界顶尖的跳高好手跳得高,进不了世界一流运动员行列。经过详细的分析对比,刘翔发现了自己的独特优势——他比世界顶尖短跑好手的弹跳力更好,比世界顶尖跳高好手的奔跑速度更快,于是他选择了110米跨栏项目,以己之长、克敌之短。经过持续不断的科学训练,他终于取得了110米栏所有级别的世界冠军,赢得了"大满贯",达到职业生涯的巅峰。

第五步:设定职业目标

目标是发展信念的具体化。发展必须明确目标,规划围绕目标进行。

人生规划既是一个实现你人生目标的时间表,也是一个实现那些影响你日常生活的无数小目标的时间表。根据认定的需求、优势、劣势以及可能的机遇来勾画自己的长期和短期目标。比如你的长期目标是成为一名职业规划师,那么必备素质包括丰富的人文知识、心理知识和社会经验,各行各业的新消息,以及优秀的引导交流沟通技能和倾听技巧。在这个长期目标的基础上,你应该制定自己的短期目标,像考取有关行业技能证书和获取相关岗位、职位的资历,一点一点积累、逐步实现。

第六步:制定职业发展路线

制定行动方案与计划就是要明确根据计划你要做什么。

对于大学生来说,这个方案和计划首先应该是学业计划,然后才是职业生涯计划,尽管两者密切相关。那么,如果你目前已在一个单位工作,对你来说进一步的提升非常重要,你要做的首先是进行角色分析。反思一下对自己的期待是什么,而组织对你的要求和期望又是什么,做出哪种贡献可以使你在组织中脱颖而出,实际情况是,大部分人在长期的工作中趋于麻木,对自己的角色并不清晰。但是,就像任何产品在市场中要有其明确的定位和卖点一样,你也要做些事情,一些相关的、有意义有影响但又不落俗套的事情,使周围的人知道你的存在,认可你的价值和成绩。成功人士会不断对照组织的投入来评估自己的产出价值,并保持自己的贡献在组织的要求之上。只有这样,才能给自己创造一个职业通途。

第七步:评估反馈与修正调整

这个步骤要求在追求职业生涯目标的过程中要自觉地总结经验和教训,调整对自我的认知和最终的职业生涯目标。一个人对于职业生涯目标的描述和界定,在刚开始时往往是模糊的、抽象的,有时甚至是错误的。在工作一段时间后,有意识地回顾自身的言行得失和工作感受,可以验证自我觉醒的结论是否贴切,不仅可以衡量目标是否偏高或偏低,更可以证明自己对职业生涯目标的设想是否可行。

五、职业生涯规划的意义

(一)顺应规律,利用规则

(1)顺应规律,励志进取。世界一刻也没有停止前进,对于国家而言——"落后就要挨打";对于个人而言——"落后就要挨饿",这是每个人必须认同、尊重的规律。职业生涯规划就是根据人和社会两者的关系及其发展规律而进行的职业发展计划和管理,目的是在顺应规律、励志进取中追求人生价值的最优化和最大化。

(2)尊重规则,参与竞争。进化论早就提出一个朴素的道理,即"物竞天择,适者生存"。社会的人在比较中存在,在竞争中发展;没有理想信念,就会迷茫而碌碌无为,有了理想,还要学会"理才"加理财方能成功,这些都是必须尊重和利用的社会规则。职业生涯规划就是促使人们在尊重规则、参与竞争的行动和磨炼中学会学习、学会生存、学会合作、学会适应,不断完善和发展,最终走向成功。

(3)提高效率,增强效果。寿有天时,这是客观规律。有意义的人生必定惜时如命;仅有想法,没有计划和行动,等于空想,有了计划和行动,倘若效率低下、进展缓慢,最终也将少有建树甚至两手空空。以上这些都是人类重要的行为规则。职业生涯规划是一种优化方式,是一种改进模式,直接作用于职业过程、职业成就乃至人生价值的实现。

(二)寻求稳定性,探索可能性

(1)充分发掘潜能。正确的职业生涯规划将指导人们正确认识和评估自身和环境,避开误区、盲区、雷区,找到立足点、兴奋点、增长点和归宿点,引导人们不断夯实职业目标与人生理想的基础。

(2)积极发挥聪明才智。正确的职业生涯规划能使人更高限度地展示和发挥个人的才能,寻找新方式、新途径,力图更经济、更有效,做到心中有数,不打无准备之仗,在不断积累成果的同时也不断营造新起点、创造新机会,为人生的不断发展和超越提供更多的可能性。

第二节　职业生涯规划意识

一、职业意识与职业生涯规划

(一)职业意识

对于大学生来说,大学毕业是青年时代的辉煌时刻,是人生旅途的重大转折点。学有所成的大学生,面对祖国和社会的挑选,无不紧张和兴奋,都希望自己能找到一个最理想、最能发挥自己聪明才智的工作岗位,能够成就一番事业。因此,求职择业的问题就成了在校大学生特别是面临毕业的大学生以及社会、家庭最为关注的"热点"问题之一。对于刚刚或即将毕业踏上社会的大学生来说,择业并非轻而易举,除了需要对人生和社会抱有高度负责的态度外,还必须了解职业方面的基本知识,增强职业意识。

对于职业的含义,从社会学的角度看,是一个人为了不断地取得收入而连续从事的具有市场价值的特殊活动。

职业意识是个人对社会上存在的职业的认知、看法和个人对自己将来从事的职业的选择偏好及职业实践中的情感、态度、意志和品质。职业意识包括就业意识和从业意识。就业意识指人们对自己希望从事的职业的看法,从业意识指人们对自己从事的工作和任职角色的看法。

职业意识是通过法律、法规、行业自律、规章制度、企业条文来体现的。职业意识有社会共性,同时也具有行业或企业特点。它是每一个人从业的最基本的意识,也是必须牢记和自我约束的。

职业意识既影响个人的就业和择业方向,又影响整个社会的就业状况。

(二)培养正确的职业意识

大学生人力资源化的过程是大学生专业化、社会化、职业化的过程。对于学校来说,这个过程的一个重要环节是加强大学生职业意识的指导。对于大学生来说,在这一过程中,个人必须自觉、主动地进行思考和行动,积极配合校方,投身于职业意识的培养和加强。

(1)更新学校教育观念。要克服大学教育中的"强调知识教育,忽视态度、习惯和能力培养"的通病。联合国2007年世界青年报告指出,尽管当代青年是历史上受教育状况最好的一代,但是他们难以融入社会。在以灌输为主的教育观等方面的影响下,我国学生的社会适应性较差,缺乏创新精神,求稳惧变,循规蹈矩,就业面窄,职业生涯曲折。而在精神、能力教育观的指导下,学生学习积极主动,灵活性高,视野开阔,实践能力强。这个问题应当引起教育界和学生本人的深刻反思。

(2)拓展职业指导工作,突出职业意识的引导。职业指导工作要改变原来那种停留于"抱抱佛脚""办好手续"的模式;要积极拓展,进一步加强职业指导实践工作的正规化、科学化、系统化和专业化建设,贴近学生需要;要面向市场、面向职业,对学生做全景式、个性化、前瞻性的职业指导。

(3)鼓励学生深入各行各业进行社会实践,以增进职业知识和职业兴趣。关于职业知识,光学习课本是不够的,更多的要通过社会实践得以了解。到厂矿企业和服务场所可以直接了解企业、职业的产品、工艺,也可以了解职业对工作人员的素质、能力和技能的要求。

(4)寓大学生职业意识引导于思想政治教育工作。目前,在我国高校中,对大学生的职业指导除了实行导师制的学校外,职业指导工作是由思想政治工作者来承担的。价值观、人生观属于思想教育范畴,融职业意识引导于思想教育是可行的,也是落实思想政治教育"以人为本"、解决大学生思想意识问题与解决实际需要相结合的体现。

(5)认识"职商",确立"职业锚"。智商(IQ)已经是我们熟知的概念,近年来情商(EQ)也逐渐受到了重视,而职商还是一个比较新颖的概念。通常意义上的"职商",主要包括自我职业意识和自我职场信息系统两大方面。自我职业意识主要在职业定位方面,其中,定位的科学性是首要的。自我职场信息系统建立的前提是职业定位。理性的信息系统,将帮助个人在面对纷繁复杂的职场信息包围时进行有效过滤,获取真正有用的信息。

职商是一种包含了判断能力、精神气质、积极态度的综合智慧,它关乎自我与工作、现状与发展的契合度,只有把握好这个关键的度,工作与职业发展才能蒸蒸日上。

所谓职业锚,又称职业系留点,是指个人在不得不做出选择的时候,他无论如何都不会放弃的职业中的那些至关重要的东西或价值观。职业锚是个体认识自我、探索自我的重要内容,是进行职业生涯规划时应该重点考虑的因素之一,也是影响个人做出职业决策的关键因素之一。

(三)职业意识对职业生涯发展的意义

职业意识对于大学生的职业化、社会化起着重要作用,具体表现在以下几个方面:

(1)及时、全方位的职业意识的引导,有助于职业兴趣的产生和职业选择的顺利进行。

(2)一定的职业价值观影响制约人的职业方向、职业岗位的选择以及职业活动中的情感、态度、意志与品质(包括职业中的义利取舍和人际关系)。健康积极的职业观有利于工作方式与生活方式的优化及水平的提高。

(3)合理、恰当的职业期望有助于职业选择的成功,也有助于职业满意度的提高。

(4)积极健康的职业意识有助于职业生涯的顺利发展和个人事业成功。

二、生涯意识与职业生涯规划

(一)生涯与生涯意识

1.生涯

所谓生涯,就是一个人从生命开始到结束的整个过程,以及与生命过程有关联的生活的全部。

舒伯(Super)于1953年提出"生涯"的概念。关于生涯的界定有较多的说法,而舒伯对生涯的界定更能形象地说明生涯与生活的统一:生涯是生活里各种事件的演进方向与历程,统合个人一生中各种职业和生活角色,由此表现出个人独特的自我发展形态;生涯也是人生自青春期直至退休之后,一连串有酬或无酬职位的综合,甚至也包含副业、家庭和公民的角色等。后来,沙因(Schein)的理论进一步拓宽了生涯的广度,1978年他具体强调了人生的生命历程是由三个旋律所交织、激荡而成的,具体是:①工作、职业或事业;②情感、婚姻或家庭;③个人的自我成长和身心发展。

舒伯的理论对于生涯辅导具有重大的贡献。自他以后,动态发展性的"生涯"的概念逐渐取代了静态稳定性的"职业"的概念,以规划人生长期生涯发展为主线的"生涯辅导"取代了短期职业选择为重心的"职业指导"。这一观点至今仍是生涯辅导的重要理论基础。

2.生涯意识

生涯意识就是认识到职业不仅是个人谋生的手段,也是寻求尊重、归属甚至自我实现的方式,是对人的更广泛领域和更高层次需求的关注、思考;生涯意识的内容包括意义、快乐、成就、传承等方面在自我、家庭、工作和社会各个领域里的具体体现。

职业规划早在20世纪初就开始了。那时社会发展比较稳定，个体一生中的职业变化不大，那时职业规划的主要任务就是以工作要求为导向的人员匹配过程。它有一个假定的前提，就是工作对人的要求是固定不变的，如果一个人具有这些工作要求的品质，那么工作会最高效，工作着的人也会感觉非常有成效。那时的"职业"，更多的是处于对人较低层次需求的满足这个层面上的。

但是，按照马斯洛的需求层次理论，人的需求是从生存、安全、尊重、归属到自我实现的一个逐层满足的过程。随着社会的进一步发展，职业已经不仅是个人谋生的手段，也是个人实现自我价值的途径。今天，人们开始关注从职业中寻求尊重、归属甚至自我实现的需求满足。于是，"职业"开始向"生涯"的过渡。而且，随着职业稳定性的降低，人的高层次需求必须从多个角度来加以满足，必须从人的各个生活角色中得以体现。最终，关注于物质产品导向的"职业"观念，开始让位于以人为导向的"生涯"观念。

(二)生涯意识的培养

生涯意识的培养一般要经历生涯觉察、生涯探索和生涯规划三个阶段。

(1)生涯觉察。从感受到被他人接受开始，到个体对自我、职业角色、工作的社会角色、社会行为及自身应负的责任等方面有初步的认识，这是个体生涯意识觉醒。

(2)生涯探索。从对生涯的认知与幻想中逐渐转向生涯发展的试探与尝试，进行生涯思考和探索，进行初步或阶段性的生涯规划。

(3)生涯规划。在进一步了解相关信息的基础上初步明确生涯发展目标，并制定切实可行的生涯计划，最终通过相关课程的研修与学习实施该计划。

生涯意识的培养必须涵盖生命意识、发展意识、职业意识和规划意识等，其中职业意识和规划意识的培养对于创造一种健康、积极、充实和快乐的人生尤为关键。

(三)生涯规划与职业生涯规划

生涯规划就是有意识地计划个人全部生活的过程，也有人说，生涯规划应该是对生活满意感的全面规划。制定生涯规划是生涯意识成熟的重要标志。

那么，如何理解生涯规划与职业生涯规划的关系呢？

1.生涯规划是对职业生涯规划的突破和升华

在美国，有一本以生涯规划为主题的书叫《你的降落伞是什么颜色》，这本书曾是销售史上仅次于《圣经》的第二畅销书。可见，人们对于生涯规划的重视非同寻常。

其一，认识"生涯"内涵，能够提高职业目标的清晰度、能见度，并且从更宏观、更长远的"生涯"角度去衡量职业。比如，毕业生如果认识到，工作并不是全部，生活里还要有情感的满足、婚姻的满足和家庭的建构，同时还要考虑到个人自我成长与身心发展，那么，他们在面对各种目标时就有更强的辨析力，就会更慎重地选择自己的职业，以一种平衡和谐的追求去"经营"自己的职业发展。

其二，认识"生涯"成功的标准，有助于引领职业定位和选择。必须看到，成功人士的所谓成功，可能只是限于工作领域，而这往往与全面的"生涯"成功内涵有差距。另外，在社会上还有一些生涯规划人士，并没有从广泛的生涯内涵给来访者以指导，更多只是落脚在"规划"层面，使得规划成为一种外在的"专家建议"。当然，这些建议中包含了丰富的经验总结，也可能会给生涯困惑者带来立竿见影的发展。但是，基于前面的分析，如果生涯规划被局限在职业指导,那么消极的后果就可能引发更大的生涯困惑。

2.职业生涯规划是生涯规划的关键和重心

职业生涯规划对于生涯规划与发展具有非常重大而具体的意义,这在前文中有较为详细的论述。

目前,在大学生职业生涯规划的理论探讨中,人们显然把大学生职业生涯规划简单地理解为职业规划,其目标就是寻找最适合的职业并进行管理。因此,诸多文章主要涉及的是分析就业形势、提出就业指导策略、探讨高校就业指导的软硬件建设以及就业中的政府行为研究等。实际上,完整的大学生职业生涯规划应包含三个方面的含义:职业规划、职业生涯规划以及生涯规划。职业规划着眼于近期的职业选择或求职问题;职业生涯规划着眼于职业发展,是个人长期发展问题;生涯规划则是关乎人的一生怎样度过的问题。

生涯规划,通俗理解就是在人生发展过程中,围绕职业这个重心,尝试去整合各种生活、学习、工作的经验,不断探索和计划如何通过职业实践来成就一个可以"安身"(工作、承担各种社会角色)和"立命"(寻求与实现自己的人生意义和价值)的人生,包涵着学会如何生活、如何学习、如何谋生等方面的问题。而职业生涯规划的实质就是整合职业的实践和价值,从人的全面发展和终身发展入手,培养生涯发展与决策能力,不断完善自我以适应职业乃至人生和社会的不断发展。职业生涯活动将伴随人的大半生,拥有成功的职业生涯才能实现完美人生。可见,职业生涯规划是生涯规划的关键和重心。

三、规划意识与职业生涯规划

(一)规划与规划意识

规划在《现代汉语规范词典》中的解释是,一是指谋划、计划;二是指全面而长远的发展计划。

规划,意即进行比较全面的长远的发展计划,是对未来整体性、长期性、基本性问题的思考和设计。联系"规范""规格""规定""规程""规则""策划"和"谋划"等词语,有助于加深对"规划"的理解。

人靠什么获得信心?成就。成就是靠什么取得的?努力。努力是取得成就的必要条件。但只靠努力还不行,做事还要讲究方法、讲究效率。社会上有很多人,他们整天忙忙碌碌,但如果问他们取得了什么成绩,他们可能答不上来。对于他们来说,忙碌是他们工作必要的表现形式,如果不忙碌,好像就不是在工作。做事不讲究方法,使他们做事没有成效。做事有哪些方法呢?做事的方法有很多,做好计划、按计划行事是其中最有效的方法之一。做好计划,按计划行事,不仅可以提高工作效率,而且可以体验工作的节奏感,使人不至于把工作当做是一种苦役,而会当做一种享受。

新东方教育科技集团董事、新东方文化发展研究院院长徐小平先生有句经典的名言:"不做人生规划,你离挨饿只有三天。"有了科学、理性的人生规划,人们可以不凭机遇、不靠伯乐,按部就班地、可预见性地获得自我认识意义上的、必然的成功。民谚"吃不穷,穿不穷,不会打算一世穷"说的同样也是这个道理。

(二)规划意识的培养

1.要培养瞄准目标、分段实现的意识

任何职业生涯规划都不能对未来进行非常精确的预测,但人们可以进行个人条件分析、环境分析,然后在此基础上确定自己的目标。只有明确而具体的目标才可以衡量,而只有可衡量的目标才可能实现。

在现实中,有些人做事半途而废,这往往不是因为目标难度大,而是觉得自己与成功相距太远。因此,瞄准目标,分段实现,即把大目标分成小目标,分摊到各个时间段,及时满足自己、鼓励自己,这是一个行之有效的好办法。

2.要培养面向未来、统筹发展的意识

发展和普遍联系是辩证唯物主义的重要观点。面向未来,大学生要积极通过各种渠道和方式了解社会发展对大学生提出的要求,了解未来发展的趋势,感受未来发展给自己带来的挑战,立足现在,综合考量内外因素,勤于思考,勇于行动,以自我发展应对未来挑战。

3.要培养勇于负责、敢于坚持的意识

无论做什么事情,大事或小事,无论将来从事什么职业,大学生一定要养成勇于负责、恪守职责、坚持不懈的习惯。不管遇到什么困难,都要愿意、敢于从自己身上找原因。坚持这么做,既能培养自己良好的精神品格,还能够赢得别人的肯定,这是制定规划、实施规划的基本要求,是人生发展的可贵资本。

4.要培养追求严谨、讲究效率的意识

成功学的最大特征就是强调标准化和量化,把被认为说不清楚、不可捉摸的东西都变成可琢磨、可操作的东西。成功学追求严谨、讲究效率这点对职业生涯规划很有参考意义。办事严谨的一种表现就是讲究效率。每一天只有24小时,这对于每一个人来说都一样,但是同样24小时,对于效率高低不同的人来说,意义大不相同。

5.要培养实事求是、注重实践的意识

实事求是就是要一切从实际出发。大学生实事求是就是要做到以客观务实的态度对待学业和社会提出的挑战,对自己有一个合理的认识和要求,拥有诚实的品格,能讲实话、做实事。另外,实践决定意识,实践是检验一切的标准。所以,只有脚踏实地,行动起来,不停留于空想,投身于实践,最终才能有所作为,这不仅是一种实事求是的表现,也是实事求是的要求。

(三)规划意识对职业生涯发展的意义

规划意识对职业生涯发展的意义从根本上来说就是职业生涯规划的意义。这一点前面已有论述。

在职业生涯规划理论学习中,我们认识到人的职业生涯是有时间性的、有规律的,是可预测、可规划的。所以,进行职业规划可以使人自主地把握自己的命运。无论面临多么复杂的局面,澄清自己内心的价值观,明确职业定位,提前做好职业规划,这都是解决大学生就业难的硬道理。大学生及早制定并忠诚于规划就是进行人生投资,将来必定会成为一个可信赖的人,收到果断和忠诚带来的回报。有了规划,虽然不能预示所有的期待一定会到来,但是至少可以预示很多不该发生的事情不会发生。

2009年9月28日新华社报道,美国密苏里大学科学家公布的一项研究结果显示,周密规划与积极情绪对于成功应聘影响巨大。研究表明,事先进行详细的规划,包括设定目标和如何逐步推进,在求职前期非常重要,有助于首轮面试的成功入围;而保持积极情绪的能力则是顺利通过后几轮面试的制胜法宝。参与研究的密苏里大学教授丹尼尔·图尔班说:"我们发现,制定与执行规划在求职前期非常重要,而保持乐观情绪则在求职后期更为关键。"

第三节 职业生涯规划的经典理论

1908年,一个叫弗兰克·帕森斯(Frank Parsons)的美国人在波士顿的一栋住宅楼里创建了职业局,以帮助求职者去审视他们自己的个性特征,调查当地的就业状况,然后选择可能的最佳就业机会,这就是职业生涯规划的开始。自帕森斯开创性的工作之后,心理学家、社会学家、经济学家和教育学家都试图进一步了解人们进行生涯选择和生涯问题解决的过程和方式,他们所积累的知识已经形成一套成熟的理论体系,如亲职影响理论、人格—职业类型匹配理论、社会学习理论、生涯发展理论、CIP认知信息加工理论等。理论认知有助于系统地执行任务,以更好地改善人们的生涯决策活动。需要注意的是每一个理论都有优点和缺点,这也就意味着依据每一种理论所发展的实用工具(如相应的量表、计算机系统、生涯干预的材料)都有优缺点。

一、亲职影响理论

艾米·罗伊(Ame Roe)是一位临床心理学家,她于20世纪50年代末期提出了亲职影响理论,这一理论强调了儿童时期人格成长对职业选择的影响。

罗伊的理论中运用了亚伯拉罕·马斯洛(Abraham Maslow)的需求层次理论。根据需求层次理论,人们最基本的需求是食物、住所之类的生理需求;而后是安全需求。在这些基本需求得到满足后,人们开始寻求更多的心理需求——爱、友谊、尊重,最后是自我实现,即完全实现个人的潜能。当一个层次的需求被满足时,较高一层的需求便开始浮现。未能满足的需求会成为选择职业的重要动机。

根据需求理论,罗伊提出儿童期的需求满足经验可影响个人的职业选择与职业行为的假设,而儿童期的需求满足主要通过父母来实现。因而,罗伊从需求被满足或受挫折的角度提出了亲子互动模式,将亲子之间的关系分为三种形态,即注意孩子、逃避孩子和接受孩子。每一种形态都会满足儿童不同的需求而形成儿童不同的人格形态从而影响到职业的选择。因而,人们所选择的工作环境,往往会反映出幼年时的家庭气氛。家庭温暖、慈爱、接纳或过度保护的人,可能会选择服务、商业、组织、文化和艺术娱乐类等跟人打交道的工作。家庭氛围冷漠、忽视、拒绝或过度要求的人,可能会选择技术、户外、科学之类等跟物体、动植物而非跟人打交道的职业。

这一理论的缺陷显而易见,父母的行为方式不像理论中那样单一和绝对,亲子关系更有可能是关注、接纳和拒绝的混合。而且,从儿童期到成年,人要正常发展,不会一成不变。

尽管有缺陷,罗伊的理论仍十分重要。她的模型是最早提出人格因素、儿时事件、父母影响和心理需求会影响职业选择的。最重要的是,罗伊的理论要求审视自己的早期生活,儿时经历显然会影响到成为怎样的人。

二、人格—职业类型匹配理论

约翰·霍兰德(John Holland)是生涯辅导理论的又一发展者,发展了一种他称之为"类型学"的理论。类型论源于人格心理学的概念,这是关于人格类型和与之相匹配的环境类型的理论。自20世纪70年代以来,霍兰德提出了一连串的假设,这些假设被大量的研究所验证。其核心理论假设有三个:

一是依据个性的相似性,多数人均能被分类到六种类型中,即现实型、研究型、艺术型、社会型、企业型、传统型。每种个性类型都各有其共同的行为偏好、兴趣和价值观。比如,艺术型个性的人认为自己敢作敢为、雄心勃勃、精力充沛,而传统型个性的人则认为自己能干、讲究服从、实干和冷静。

二是职业环境也可以分为相应的六大类——木匠手艺灵巧,律师咄咄逼人,演员热衷表现,店员善于游说,会计计算精确,科学家不善社交,同一职业团体内的人有相似的人格特质,他们对情境和问题会有类似的反应,从而产生特定的职业氛围亦即职业环境,这种职业环境具有特定的价值观念、态度倾向和行为模式。因此,职业环境也可分为与人格类型相同名称的六种类型——现实型R、研究型I、艺术型A、社会型S、企业型E、传统型C,比如,现实型职业包括工程和建筑工作等,研究型职业包括物理学和生物科学等,艺术型职业包括音乐和艺术等,社会型职业包括教学和政府部门的工作等,创业型职业包括公共关系和广告工作等,传统型职业包括管理工作等。

霍兰德所划分的六大类型,并非是并列的、有着明晰的边界的。他以六角形标示出六大类型的关系。

(1)相邻关系,如 RI、IR、IA、AI、AS、SA、SE、ES、EC、CE、RC 及 CR。属于这种关系的两种类型的个体之间共同点较多,现实型R、研究型I的人就都不太偏好人际交往,这两种职业环境中也都较少有机会与人接触。

(2)相隔关系,如 RA、RE、IC、IS、AR、AE、SI、SC、EA、ER、CI 及 CS,属于这种关系的两种类型的个体之间共同点较相邻关系少。

(3)相对关系,在六边形上处于对角位置的类型之间即为相对关系,如 RS、IE、AC、SR、EI 及 CA,相对关系的人格类型共同点少,因此,一个人同时处于相对关系的两种职业环境都兴趣很浓的情况较为少见。

三是霍兰德认为人们所寻找的工作环境应当能够使得人尽其才。人们可以表达自己的态度和价值观,可以解决他们希望解决的问题,扮演愿意扮演的角色。也就是说不同类型的人需要不同的职业环境。人们是否能在一个职业领域中稳定工作取决于其个性类型与职业环境是否适应或匹配。比如说,社会型个性的人发现电力工程师这一职业不能使自己满意,就有可能选择其他更适合自己的、社会型导向的工作。研究表明,个性和职业环境之间的匹配可以带来很多好处,如对工作的满意度更高、工作的稳定性增加、工作更投入。另一方面,如果个性与职业选择不匹配,人们就会改换职业。

霍兰德的理论首次把对职业环境的研究与对人格特性差异的研究有机结合起来,在霍兰德之前,二者的研究是相对独立进行的。在霍兰德理论的基础上不断产生大量新的研究,并发展出职业规划领域使用最为广泛的工具和资料。他编制的兴趣量表"职业自我探索量表"(Self－Directed Search)已被广泛运用,如美国劳工部制定的职业条目词典中12099种职业被赋予霍兰德人格类型代码,"霍兰德职业代码词典"(Dictionary of Hollandoccupational Codes)为各类人员按照职业兴趣类型搜寻合适的职业提供了便利。

三、社会学习理论

克朗博兹(Krumboltz)的社会学习理论是以社会学的观点来解释人类生涯选择的行为,特别强调社会因素和学习经验对生涯选择的影响。

克朗博兹认为,以下这四类因素将影响到一个人的职业选择。

1.遗传和特殊能力

即个人得自于遗传的一些特质,如种族、性别、外表特征、智力、个人天赋等,在某种程度上决定了个人的职业表现或影响到个人的生涯。例如,在现阶段的大学生就业中,性别因素仍然直接影响到求职者是否有机会参与面试和被录用。而身高、体形、健康状况等先天条件在诸如模特、文艺工作者等职业的招募当中也占据了十分重要的地位。

2.环境和重要事件

包括人类活动(社会、文化、政治、经济活动,家庭、教育活动)的影响和自然力量(自然资源的分布或自然灾害,如地震、洪水以及干旱)的影响。很显然,家庭的社会经济地位(是偏远农村还是沿海城市,是否贫困家庭)、家庭对于个人的期望(如是否重视教育)、所在地区的教育水平等,都在很大程度上影响到个人的求学和发展机会。

3.学习经验

这里所说的"学习"是广义的学习,即每个人在日常生活中不断积累经验和认识。例如,一个孩子在与小伙伴玩耍的过程中,发现如果自己愿意与伙伴们分享玩具,别人就会更乐意跟自己玩,那么,这个孩子可能由此学到了分享与合作。而如果父母总是为孩子包办一切,不允许孩子有自己独立的想法或喜好,这样的孩子长大到该独立进行职业决策的时候,就很难承担决策的责任,也没有自己的主见。再比如,某小学生恰好遇上了一位特别和蔼可亲、循循善诱的数学老师,于是对数学产生了浓厚的兴趣,对教师这一职业也怀有美好的向往,在成年后,他最终选择数学教师作为自己的终身职业。由此可见,每个人在其成长过程中都积累了无数的学习经验。个体的学习经验是独特的,而这对于个体的职业生涯选择又具有重要的影响。一个人是自信还是自卑,敢于冒险还是畏惧变化,怎样看待他人,对于教师、医生、警察等各种职业有什么样的印象,更看重工作带来的成就感还是与家人相处的时间,等等,都与个人的学习经验有关。

4.任务取向技能

受到上述种种因素的作用,个人在面临一项任务时,会表现出特定的工作习惯、解决问题的能力、心理状态、情绪反应和认知经验,这称之为"任务取向的技能"。比如,面对找工作这件事情,同一个班里所有的同学都缺乏经验,但其中有的人可能会积极面对困难,会想到利用学校就业指导中心所提供的各种信息和资源(例如:选修职业生涯规划课程、听讲座、参加学校组织的各种考察实践活动等),向自己的亲友、老师和高年级的同学请教,之后会开始探索和思考自己的兴趣、能力,并着手联系实习的机会。大四时,他们已经对自己和就业市场有了相当的认识,也积累了不少信息和资源,可以胸有成竹地去求职。而另外一些人则不去面对困难,一味拖延,直到大三或大四才开始着急,或寄希望于自己的某个亲戚能够帮助找一份工作,或埋怨学校不帮助毕业生联系就业单位,最后草草找到一个职位了事。这个过程中,不同的人所表现出来的心态、习惯和能力,其实反映了他们不同的任务取向技能。

社会学习理论对于职业生涯规划的意义在于:职业生涯选择不是一个偶发事件,是多种因素交互影响的结果。生涯的选择不仅仅是个人选择的结果,也包括社会所提供的就业与机会,它是一个相互选择的过程。总之,人选择职业,职业也选择人。

四、生涯发展理论

生涯发展理论是综合许多流派建立起来的,代表人物是唐纳德·舒伯。舒伯根据自己"生涯发展型态研究"的结果,参照布勒(Bueller)的分类,将生涯发展阶段划分为成长、试探、决定、保持与衰退五个阶段,其中有三个阶段与金斯伯格(Eli Ginzberg)的分类相近,只是年龄与内容稍有不同,舒伯增加了就业以及退休阶段的生涯发展。

在舒伯提出的生涯发展阶段理论中,每一阶段都有一些特定的发展任务需要完成,每一阶段都需要达到一定的发展水准或成就水准,而且前一阶段发展任务的达成与否关系到后一阶段的发展。

1976~1979年间,舒伯在英国进行了为期四年的跨文化研究,之后他提出了一个更为广阔的新观念——生活广度、生活空间的生涯发展观(life—span、life—space career develop—ment)。这个生涯发展观,除了原有的发展阶段理论之外,较为特殊的是加入了角色理论,并将生涯发展阶段与角色彼此间交互影响的状况,描绘成一个多重角色生涯发展的综合图形。这个生活广度、生活空间的生涯发展图形,舒伯将它命名为"生涯彩虹图"(life—career rainbow)。

1. 横贯一生的彩虹——生活广度

横向层面代表的是横跨一生的生活广度。彩虹的外层显示人生主要的发展阶段和大致估算的年龄:成长阶段(约相当于儿童期)、探索阶段(约相当于青春期)、建立阶段(约相当于成人前期)、维持阶段(约相当于中年期)以及退出阶段(约相当于老年期)。在这五个主要的人生发展阶段内,各个阶段还有小的阶段,舒伯特别强调各个时期年龄划分有相当大的弹性,应依据个体不同的情况而定。

2. 纵贯上下的彩虹——生活空间

纵向层面代表的是纵贯上下的生活空间,是由一组职位和角色所组成。舒伯认为人在一生当中必须扮演九种主要的角色,依序是儿童、学生、休闲者、公民、工作者、夫妻、家长、父母和退休者。

在当时的生涯理论中,多数人关心的焦点都集中在"职业选择"上,只有少数理论工作者对生涯发展的问题发生兴趣。舒伯综合了差异心理学、发展心理学、自我心理学以及有关职业行为发展方向的长期研究结果,构建了生涯发展的理论。以往舒伯理论大多局限于他的发展阶段和对职业的自我观念论上,这些可以解释个体一生的生涯发展,其涵盖范围很广，但深度略显不够，"生涯彩虹图"的提出弥补了原有的不足。在实际应用方面，其横向的发展阶段、发展任务(即生活广度部分)和纵向的生涯角色的发展(即生活空间部分)交织成一个具体的生涯发展结构，这对促进个体的自我了解、自我实现大有裨益。

五、CIP 认知信息加工理论

1991年，盖瑞·皮特森、詹姆斯·桑普森和罗伯特·里尔顿合著了一本《职业发展和服务：一种认知的方法》(Career Development and Services: A Cognitive Approach)一书，这本书阐述了思考生涯发展的新方法——认知信息加工(CIP)。该理论认为，生涯发展就是看一个人在生涯问题解决和生涯决策过程中如何使用信息。

该理论的构建是以下面的假设为基础：
(1)生涯选择是以我们如何思考和感受为基础。
(2)进行生涯选择是一种问题解决活动。
(3)生涯问题解决者的能力取决于了解了什么和如何思考。
(4)生涯决策要求良好的记忆。
(5)生涯决策要求有动机。
(6)持续进行的生涯发展是我们毕生学习和成长的一部分。
(7)我们的生涯很大程度上取决于我们思维的内容和思维的方式。
(8)我们生涯的质量取决于我们对生涯决策和生涯问题了解、解决的程度。

该理论把生涯发展与咨询的过程视为学习信息加工能力的过程。理论的提出者按照信息加工的特性构建了一个信息加工金字塔。

位于塔底的是知识领域，包括自我知识和职业知识。这好比是储存于电脑记忆中的各种数据文件，各种零散的信息以图式的方式储存，这些图式能使我们处理和加工生涯问题，解决和决策制定过程中的信息，如在职业知识领域，对会计知识学习得越多，就会越好地发展关于会计的工作技能、兴趣等。同样，在自我知识领域，做过一次价值观测试量表，就会对自己的价值观有更清晰的认识。

金字塔的中层是决策技能领域，包括沟通(communication)、分析(analysis)、综合(synthesis)、评价(valuing)、执行(execution)五个决策步骤，即 CASVE 循环。

- 沟通(确认需求)：个人开始意识到问题的存在。
- 分析(将问题的各组成部分相互联系起来)：对所有的信息进行分析。
- 综合(形成选项)：个人形成可能的解决方法并寻求实际的解决方法。
- 评估(评估选项)：评估每种选项的优劣，评出先后顺序。
- 执行(策略的实施)：依照选择的方案做出行动。

最上层的领域是执行领域，也称为元认知。元认知就是对认知的认知，具体地说，是关于个人认知过程的知识和调节这些过程的能力，即对思维和学习活动的知识和控制，包括自我言语、自我觉察、自我控制与自我监督。

CIP方法是帮助我们学会如何解决生涯问题和进行生涯决策的一种简单有效的方法。它有助于改善生涯发展，因为它强调在决策制定中如何定位、储存和使用信息。它还可以帮助我们认识可能干预和扰乱信息加工的各种过失、错误和问题。只有信息加工过程正常进行,生涯才能正常发展。如果我们关注认识和思维这两个因素的话,很明显感觉到大部分生涯发展过程是以信息加工的方式发生在我们的头脑中的。

第二章　师范生就业形势与职业生涯发展

第一节　师范生职业认知与就业认知

一、师范生的职业认知

如今师范生的职业选择虽然越来越趋向多元化,教育行政管理、教育科学研究、艺术行业等逐渐成为师范生职业选择的新领域,师范生的学历结构也部分向硕士研究生层次转化,但是教师仍然是绝大部分师范生的理想职业选择。在教育大众化背景下,在进行职业选择前,师范生最关注的职业问题主要有以下五点。

第一,职业待遇。据调查,师范生在职业选择时关注职业待遇的情况较为普遍。要科学客观地认识和评价职业待遇,师范生需明确以下几个方面的问题。首先,应明确教师在不同的经济形态中有着不同的待遇和地位。在农业社会,知识对于经济的贡献几乎未被认识和重视,教师的待遇总体上是比较低的。在工业社会,教师是普通脑力劳动者,教师的待遇和经济增长之间有了初步联系,教师的待遇有所提高。在当前知识经济时代,世界各国纷纷制定教育优先的发展战略,而教育的发展、人才的培养,关键在于教师。近几年来,我国教师的待遇在平稳地逐步提高。其次,重点关注教师职业待遇的四个主要方面。一是教师工资数额,看工资的数额是否超过了地区各行业职工的平均工资水平,看工资绝对收入以外的奖励及其他收入情况;二是教师安居条件,关注教师家庭人均居住面积是否达到城镇居民人均居住面积的标准,更切实的是看学校能否为教师提供过渡性住房或租房补贴;三是"五险一金",重点关注教师的医疗、养老、失业、工伤、生育保险和住房公积金等社会保障制度是否落实到位;四是关于教师待遇的最新政策,比如绩效工资改革等。

第二,职业能力。由于社会结构和教育结构的复杂性,现代社会对教师的职业能力要求越来越高。作为师范生,应重点关注以下四个方面的职业能力。一是适应现代课堂教学要求的教学控制能力。教学控制能力是教师为了保证教学的成功,达到预期的教学目标,在教学的全过程中积极主动地对其进行计划、检查、评价、反馈、控制和调节的能力。该能力主要包括:课前计划与准备能力、课堂评价与反馈能力、课堂调节与控制能力、课后总结与反思能力。二是适应信息化教育环境的获取与利用信息资源的能力。随着移动互联网技术的发展,教师需具有很强的信息获取、信息分析和信息加工的能力,使现代教育技术与学科课程有机整合。三是塑造和培养学生健康个性的能力。教师是人类灵魂的工程师,塑造学生的健康人格既是现代教师的劳动特点,也是学校教育的目标之一。教师要根据学生不同发展阶段的生理和心理特点,针对不同个性进行人格教育的整体设计。所以教师必须具备一定的培育能力,包括敏锐的观察力、良好的记忆力、灵活的思维能力、丰富的想象力、大胆的创造力及心理教育过程中的自我监控能力。四是教育创新能力。现代教师只有具备较强的创新能力才能在教育教学过程中自觉地将已有思想、已有知识的传授和创造性思维相结合,挖掘学生的创新潜能,捕捉学生创新思维的闪光点,多层次、多角度地培养学生的创新精神和创新能力。教师的创新能力主要表现为教育教学的求异性、新颖性及教育科研能力。

  第三,职业适应。职业适应作为人的社会适应的一个重要方面,是指在积极的职业价值观念指导与统率下所形成和维持的职业心态、职业能力、职业关系等,能使职业劳动者与其环境之间保持和谐的状态。教师的职业适应涵盖的内容较为广泛,一般来说,包括职业技能适应、人际关系适应和职业心理适应。职业技能适应是职业适应最基础的环节。教师的职业技能适应主要体现在教学、管理和科研三个层面,具体包括熟悉书本知识、高质量完成备课工作、高质量完成教学工作、高质量完成辅导工作、熟悉学生个性、熟悉学生成绩、善于管理学生、较高的教育科研水平和善于心理辅导。人际关系的适应属于较高层次的职业适应。从其内容上看,它主要包括与单位领导、同事、同行和学生的相处情况。职业心理适应是职业适应中最高的适应层次,它也是职业适应水平的一个综合反映。心理适应所涵盖的内容比较广泛多样,比如对教师职业的满意度、对目前工作的喜欢程度、工作开心程度等。

  第四,职业竞争。竞争是人类活动的客观需要,也是教师业务活动的必然,更是一种正常的互动提高过程。教师竞争是指教师吸纳和运用各种知识的综合能力的竞争。它包括教师的知识吸收力、知识传授力、教学引导力、知识更新力、实践创新力、科研钻研力、人格吸引力、行为反思力、公关协作力和多媒体制作运用力等的竞争。目前在我国的教育系统中已经形成了开展良性竞争的大环境。但是由于改革、考核等因素带来的竞争压力,教师心理负担普遍加重,导致不少地区和单位存在着恶性竞争的现象。我们提倡师范生在从事教师职业后,应理性认识竞争,要开展良性竞争。也就是说,一方面要敢于竞争,努力超越他人;另一方面要永不满足,努力超越自我。同时,应该注意在开展良性竞争时正确处理好"合作"与"竞争"的辩证关系,及时总结每一次竞争的经验教训,保持持续竞争的良好势头,鞭策自己不断进步。

  第五,职业发展。从理念层面来看,师范生关注的是"自主发展"。面对知识和技术不断创新、信息爆炸的时代,教师必须不断学习、不断提高,才能不被时代淘汰。时代要求教师做"活源泉",教师必须不断更新自己的知识,改进自己的技能,必须具有终身学习能力和可持续发展素质,换句话说,教师要能够"自主发展"。它要求教师逐渐成为全能型教育家、知识体系的建构者、课程教材的研究者及人际关系的艺术家。教师的自主发展是教师适应社会发展需要的必然趋势。教师素质的提高不能简单地依靠学校教育来实现,它需要教师在其职业生涯中通过自主发展来完善。教师只有通过主动参与、不停探究和不断反思,才能实现专业素质的持续发展和全面提升。从现实层面来看,师范生更关注个人发展的机遇，比如学校的培训进修条件、更新和提高渠道、与同行指导与交流的机会等。

二、师范生的就业认知

近年来，随着师范类毕业生就业政策的放开，在就业市场化边缘徘徊多年的师范类毕业生开始真正进入就业市场。这对师范生来说既是机遇，也是挑战。一方面，师范生就业渠道进一步拓宽，而且由于我国实施九年义务教育制度，大力发展高中教育、职业教育，师范院校毕业生的就业形势相对于其他专业乐观一些。另一方面，师范生就业的潜在危机亦十分突出。受高校扩招的影响，师范类毕业生数量逐年增加，而社会总体需求及师范生初次就业率却呈逐年下降趋势。同时师范生要和非师范生一样接受用人单位的考核，就业压力增大，师范生也越来越关注自身的就业问题。师范生的就业认知体现在以下五点。

第一，市场供需状况。近年来，全国高校毕业生就业形势持续严峻，作为社会上较为特殊并且备受关注的师范生也面临着"普遍就业难"的困境，尤其是对于省属师范院校的毕业生来说更是"难上加难"。师范生就业市场表现出以下几个特征：一是随着全国大学生就业压力的增大和基础教育岗位待遇的逐年提升，全国师范生就业市场竞争越来越激烈，就业市场建设已经从区域性的占领紧缩到"点位式"的角逐。二是"事业单位招考制度"在"户籍限制"方面虽有调整，但师范专业毕业生就业"路径性"障碍依然突出。一方面，地方级城市的"户籍限制"虽有所放松，但为吸引和招纳优秀外来人才，在学历方面仍有严格要求；另一方面，县市级城市的户籍要求没有明显变化，对外来人才的招纳仍有诸多限制。三是基础教育系统招聘门槛提高，研究生进入基础教育系统用人单位就业已成趋势，非师范专业毕业生也利用庞大的师范就业市场"借船出海"谋求稳定的教师职业。

第二，就业政策。大学生就业政策是国家关于大学生就业的指导性文件，它体现了国家对大学毕业生择业的政策导向。师范生作为大学生中的特殊群体，其就业政策在整体大学生就业政策的演进过程中也呈现出阶段性的特点。准确地把握这些特点，对于从宏观上做好师范生的就业指导工作具有方向性的指导意义。在统包统分阶段，师范生享受国家提供的足额助学金，其就业一直在教育系统内部计划分配。在双向选择阶段，对于师范生就业仍然实行行业保护与流向控制的手段，基本特征是在教育系统内就业。进入自主择业阶段，师范生就业政策改革力度加大，逐步与非师范生就业政策并轨。随着开放的教师教育体系的建立，教师职业资格的实施，教育人事制度改革的深入，师范生就业市场化取向更加坚定，部属师范专业恢复免费就读，将有更多的品学兼优的考生报考这些部属师范院校的师范专业。

第三，就业决策。就业决策，就是为了达到某个预定的工作目标，在若干个不同的行动方案中，决定一个最佳行动方案的过程。这类决策属于不确定性分析，这是因为大学生不了解各状态发生的概率。对于师范生来讲，进行就业决策时应注意以下几方面：一是密切关注就业市场，增强信心。要关注国内人才市场的新变化和新特点，对于未来的人才市场的激烈竞争，要有充分的心理准备和应对策略。知己知彼，方能百战百胜。只有了解市场，才能有的放矢地去寻找择业方向，才能合理和科学地进行择业定位。二是要树立"先就业、后择业"的"阶梯式就业"观念。可以通过"先就业"来解决生存问题,做到自食其力;通过"后择业"来解决发展问题,做到不断进步。实现就业理想是有一个过程的,要通过不断的努力来逐步实现。三是比较鉴别,选择最佳。大学生在择业时,需要从两个方面的比较中来找准自己的位置。一方面,将职业要求与自身条件进行比较。即将职业对人的要求具体化,将个人的优势素质与职业的特殊要求进行对比,把那些与个人优势条件相接近的职业作为选择目标。另一方面,比较选出的多种职业目标方案。目标确立后,根据收集的信息,通过罗列多种可供选择的方案、审视各种方案可能导致的后果、分析各种结果发生的可能性、评价各种方案及其结果的意义等程序,比较各种方案,选择那些更符合自己的特长、经过努力能很快胜任的职业。

第四,就业竞争力提升。所谓"骏马能历险,犁田不如牛;坚车能载重,渡河不如舟"。大学生在选择职业岗位时应该努力做到扬长避短,充分发挥优势和特长,并适时调整选择的目标与方向,提升就业竞争力,如此才能获得成功。一方面,要对自己进行客观正确的自我评价,清楚地知道自己的长处何在,短处又是什么,扬长避短,选择与自己的理想、爱好、个性特点、特长相匹配的职业。另一方面,职业生涯规划只是一种计划,具有可变性,应该随着客观条件的变化和对自己认识的不断深入对规划进行适时调整,不断把握机遇,以实现自己的事业目标。此外,在求职过程中,要想把握住更多的机会,就必须具备较高的综合素质。在知识面广、专业技术精通、业务能力强的基础上,还必须提高个人的修养,在日常的生活、学习中养成良好的习惯。

第五,就业指导服务。有效的就业指导服务是保障师范生顺利就业的必要条件。根据国家政策,毕业生可以获得以下就业指导和服务。一是师范生在校期间,由学校就业指导中心提供就业咨询、用人单位招聘及实习实训信息、求职技巧及实用技能培训、职业生涯辅导、毕业生推荐、实习实践能力培训和就业手续办理等多项就业指导和服务。二是由公共就业服务机构提供服务,即由省(自治区、直辖市)毕业生就业指导中心、省(市)人才交流服务中心、职业服务中心或人力资源市场、街道社区劳动服务站(所)等提供就业指导服务。三是由市场经营性服务机构提供就业指导服务,主要包括从事人力资源服务的经营性企业或机构,如国有企业、民营企业、中外合资企业,原人事、劳动系统所属服务机构自办或以股份形式合办的企业等。师范生可以通过以下渠道获取就业信息:一是浏览各类就业信息网站,包括中央有关部门主办的全国性就业信息网站、地方主管部门主办的就业信息网站、各高校就业信息网站及校内BBS求职版面、其他专业性就业网站等;二是参加各类招聘和双向选择活动,包括国家有关部门、各地、学校、用人单位等相关机构组织的各类现场或网络招聘活动;三是参与校企合作实习,包括社会实践、毕业实习等活动;四是查阅媒体如报纸、刊物、电台、电视台、新媒体等的广告;五是他人如导师、校友、亲友等的推荐;六是主动到单位询问等。此外,师范生还比较关注离校后未就业回到原籍能得到哪些公共就业服务。根据国家相关政策,他们能享受到的公共就业服务主要包括:获得就业政策法规咨询、职业岗位供求信息、市场工资指导价位信息、职业培训信息,以及职业指导和职业介绍、对就业困难人员实施就业援助、办理就业登记和失业登记、其他公共就业服务等。

第二节　师范生就业形势

一、大学毕业生的就业总体形势

大学生就业难是一个现实问题,更是一个社会问题。社会主义市场经济体制的建立和发展,产业结构的不断优化升级,正猛烈地冲击着我国的高等教育,大学生就业在社会转型期遇到了很大的挑战,总体就业形势不容乐观。首先是我国城镇新增劳动力就业、下岗失业人员再就业和农村富余劳动力转移"三碰头",使本来就存在的就业困难更加突出。其次是企业改制减少用工、采用高新技术等原因,使市场对劳动力的需求呈下降趋势。并且随着改革的深化,农民进城的门槛不断降低,进城农民工日益增多,进一步增加了城镇就业压力。近年以来,全球经济复苏势头仍然脆弱,面临的不稳定和不确定性突出,深层次的结构性矛盾尚未得到根本解决。一些国家内缩倾向加重,贸易保护主义抬头,逆全球化思潮涌动,使得我国经济不可避免地受到冲击。最后由于全国高校大规模扩招太急促,一些学校升格或教学条件下降而导致教学质量滑坡,人才培养没有与社会发展需求很好地结合,一定程度上造成高校毕业生的就业困境。

(一)就业人数庞大,就业高峰持续时间长,形势严峻

自 2000 年以来,普通高校毕业生的人数每年都在增加,2011 年毕业生的人数是 2001 年的 5 倍多。据教育部统计,2013 年全国普通高校毕业生为 63872 万人,比上年增加 1399 万人,增长 2.24%;2014 年毕业生为 659.37 万人,比上年增加 20.65 万人,增长 3.23%;2015 年全国应届大学毕业生人数激增至 680.89 万人,比上年增加 21.52 万人;2016 年达到 704.18 万人,比上年增加 23.29 万人;2017 年为 735.83 万人,比上年增加 31.65 万人;2018 年为 820 万人,比上年增加 84.17 万人。而且随着中专、职高、技校等学校的毕业生也将集中进入就业市场,应届大学毕业生的就业问题仍将集中显现。

近几年来,全国高校毕业生人数逐年剧增,加上往年沉淀下来的毕业生,大学生总体就业形势一年比一年严峻。虽然这几年全国高校毕业生就业率基本持平,但由于毕业生人数逐年剧增,绝对数在增加。可以预见,在未来相当长时期内大学生就业压力不会减弱。

(二)存在结构性"供过于求"现象

我国已经成为世界第二大经济体,市场对人才的需求是比较旺盛的,目前我国专业技术人才仍然是供不应求的。但是由于我国经济结构调整和区域经济结构、职场、经验准入要求等市场需求因素发生的变化与大学生适应这一变化所需的知识结构、专业素质、职场经验、就业观念、信息占有、高校分布和专业人数分布不匹配,引发了职位空缺和失业并存现象。因此,出现大学生就业困难的局面的根本原因并不是因为大学生太多了,而是结构性过剩,也就是劳动力供求结构不合理,导致大学生结构性失业,如专业设置和社会需求不相适应,学生素质和社会需求不相适应,大学生就业观念滞后,区域结构性矛盾突出等。

二、大学生"就业难"的成因分析

(一)产业转型升级短期内对毕业生就业的冲击

产业转型升级为高校毕业生就业给出了多样化选择,创设了良好环境与条件,但由于目前我国产业的总体结构布局还未形成一个较为完善的竞争系统,缺乏必要的自主知识产权和先进技术,从短期来看,第三产业的迅速发展、高校毕业生不能完全满足用人单位对人才的需求等原因使得产业转型升级为大学生就业带来了很大的压力。

(二)大学生就业市场进一步由"卖方"走向"买方"

随着高等教育由"精英教育"走向"大众教育",大学毕业生数量急剧增加。据教育部统计,2008年全国只有559万高校毕业生,而2018年达到了820万人,10年间增加了261万人,而且每年还有部分未就业的往届毕业生也会加入求职队伍中。大学生与社会需求之间的关系由"供不应求"转为"供需平衡",直至"供大于求",大学生就业市场化,价格机制在就业市场中的调节作用越来越大。而现在社会高等教育的高入学率、社会总就业形势紧张和劳动力市场是严重分割的。高校扩招由于速度过快、增幅巨大,大学生供给短时间内爆发,超过社会经济增长水平和速度,社会对人才的需求与大学生的供给不平衡,越来越多的大学生面临失业危机,就业形势日趋严峻。

(三)大学毕业生就业结构不合理

大学生就业出现结构性矛盾,包括专业结构、地区结构等。在专业结构上,存在学校专业设置与市场需求之间的矛盾。高校扩招以来,大学生数量急剧增加,许多高校仍然沉溺于计划经济的惯性之中,寻求市场和信息观念不强,并没有根据社会和企业的需求及时调整专业设置和招生人数,导致学校专业设置、教学方式与社会经济发展不相适应,加上市场对人才需求的变化快于高校对人才的培养速度,形成人才供需市场配置的时间差,导致过去的热门专业现在有可能变成了就业"困难户"。另外,一些高校专业设置有较大盲目性,追求专业齐全,不注意专业设置与市场的紧密结合,造成一些专业供过于求,毕业生缺乏竞争力,部分大学毕业生其专业知识与社会需求不相适应,进入社会后适应能力不强,找不到学以致用的岗位。从地区结构来看,就业受到经济发展的影响,经济较发达的地区,就业形势好,就业渠道比较畅通;而欠发达地区,就业情况不太好,缺乏人才,又留不住人才,从而造成人才流失。

就业难的问题除社会的客观原因外,也与毕业生自身的观念跟不上形势有着密切关系。毕业生的就业期望与社会实际需求之间存在着巨大的反差,是就业困难的一个重要原因。有些毕业生专业知识掌握不牢,又缺乏实践经验和实际操作能力,却好高骛远,缺乏对社会合理的认识,找不准自己的定位,就业观念偏离就业现实,很少考虑自己的期望是否脱离现实,是否有利于自己的发展,不是从自己所学专业知识和自己的兴趣爱好、能力性格出发去找工作,而是无的放矢、随大流,盲目乐观,严重脱离客观实际,所以不可能找到适合自己的职位和工作。

(四)大学生对就业形势和政策及就业过程不了解

大学毕业生供需矛盾突出是近年来社会公认的大学生就业难的一个直接原因,毕业生就业结构失衡,供给与需求矛盾突出。高校毕业生的总体供给与社会需求的矛盾,实质是高等教育的快速发展与社会发展和经济发展所处的转型阶段不匹配的矛盾。

第一,中国处于人口高峰期,存在大量的新增劳动力需要就业。"中国现有人口近14亿,人口基数大,新生劳动力增长过快,远远超过经济增长创造就业岗位的速度,未来劳动力资源的自然增长每年可以建立两个海南省,这对大学毕业生就业产生一定影响。"整个社会出现了毕业生数量急剧增长,而就业岗位增长缓慢,经济高增长与就业增长脱节的困难局面。

第二,随着中国高等教育的不断发展,在短短几年内,高等教育进入大众化时代。高等教育大众化已成为一种必然,但一些问题也由此而来,教育大众化要求中国普通高校进行大规模扩招,而扩招的直接结果之一就是高校毕业生的数量快速增长。在社会人力资源需求没有明显增长的前提下,全国普通高等学校毕业生数量的大幅变化对毕业生就业工作的影响是巨大的,大学生就业也从大众化走向了精英化。且根据教育部发布的最新信息,2018年全国高校毕业人数达到820万,超越2017年的735.83万,高校毕业生人数创历史最高,2018年堪称史上更难就业季。

第三,社会发展的区域存在不平衡,东部发达地区为毕业生提供了良好的生存环境和有较好回报的发展前景,成为人才输入省。在这些地区,人才竞争激烈,很多大学生未能有效就业,这些人即使处于失业状态也不愿去西部地区就业。在西部地区,却存在大量的岗位无人去做。

第四,大部分在校学生没有意识到就业人数的递增速度已远远超过工作岗位的增加速度,忽略了解就业形势和政策及就业过程的重要性,只顾埋头苦读,热衷考证或忙于各类社团活动,这些充实了他们的头脑和经验,而他们在实际就业供需矛盾面前仍束手无策。

(五)大学生就业信息获取不及时

用人单位招聘信息的发布缺乏时效性,大学生没能及时获取相应的信息,大学生发布了应聘信息但由于种种原因用人单位没有获取,这些情况造成了很多大学生找不到工作、用人单位招不到人的局面,延长了大学生和用人单位相互搜寻的过程。

用人单位盲目设置的各种条件也带来了就业难。其中最主要的就是经验障碍,很多用人单位特别是企业动辄要求求职者两至三年的工作经验,许多应届毕业生往往因缺少实际工作经验而难以落实工作。另外,有些用人单位盲目提高选才标准,追求高学历。相当多的用人单位存在着重学历而轻实践的倾向。

(六)大学生自我能力与现实要求不匹配

在大学毕业生"难就业"的同时,用人单位也普遍存在着"选材难"的问题。我国的教育体制多年来按照一种模式培养人才,专业设置脱离社会需求,不注重学生实际能力的培养。大学生有较扎实的专业知识,但缺乏良好的心理素质、礼仪和法律观念。大学生自身存在的问题也带来就业难。其一是大学生不合时宜的职业价值取向和就业观念。大学生作为公认的精英阶层,传统的儒家思想所编织起来的"精英情结"深深地束缚了他们的观念。北京社会经济科学研究所"当代大学生就业状态研究"课题组在《中国教育报》上公布了他们的调查,大学生目前的择业观念,在单位的选择上,选择科研机构、党政群体、中外企业的占总人数的63%,而选择乡镇企业、大中学校、集体企业的只有7%。

在地区的选择上,选择大城市的有20.8%,而选择小城镇、农村、老少边地区三项的仅有5%。其二是,大学毕业生自身综合素质不高,适应社会的能力差,难以符合用人单位的要求。

一些大学生在学校里只满足于学好所学课程,缺乏广博的知识积累和解决实际问题的能力,加之语言表达能力不足,在应聘场合紧张、胆怯,不能充分展示自己,从而错过了许多工作机会。另外,大学生在择业时,缺乏对自己的清晰定位,择业缺乏目的性也导致成功率不高。

(七)大学生缺少职业生涯规划

高校在自身发展过程中存在的一些问题也不利于大学生就业。一些学校的办学方法和办学观念落后,学校缺乏市场意识,专业设置与市场需求脱节,大学生所学专业不符合市场需求,出现了供需的结构性矛盾。此外,部分高校对毕业生就业工作指导的重视程度不够,缺乏系统性和科学性,就业工作指导往往毕业前才进行,很多仅仅是一种职业介绍,且在某种程度上还是脱离实际的泛泛而谈。"调查显示,非常需要职业指导的大学毕业生对本校就业指导机构的了解程度多寡不一,其中非常了解和比较了解的只有1/3的人,有10%的人根本不知道学校有这样的机构。"这说明大学生职业指导工作还有很大的发挥空间。

(八)大学生就业期望和实际现状不符

大学生做事眼高手低,理论知识与实际工作脱节,还存在就业后稳定性差、离职率高等问题。多数大学生缺乏吃苦耐劳精神,薪酬期望值高出社会现实水准,不愿从基层做起,宁愿等待,只选择在发达地区、高薪部门工作,不愿意去偏远地区工作;人际沟通能力差,缺乏团队合作能力,"有业不就"造成人力资源的浪费。社会壁垒、就业市场分割的现实加大了大学生就业的难度。近年来,高校毕业生自主择业已成主流,然而户籍、档案等因素仍然是大学生就业的绊脚石。许多大学生在找工作时都有"非本市户口免谈"的痛苦经历,由于没有用人单位所在地户口,大学生与许多好的工作机会失之交臂。

三、师范生的就业形势

随着大学扩招政策的推行,经济和产业结构的调整,国内就业结构总体呈现不平衡状态。当前乃至今后相当长的一段时期内,师范生就业形势依然严峻,就业矛盾依然突出。

(一)自主择业渐成主流

我国高等教育体制和人事制度的改革,使师范生的就业方式由过去的"统包统分"转变为"市场导向、政府调控、学校推荐、学生与用人单位双向选择"。自主择业就业政策的实施,改变了国家"包分配"的就业方式,使师范生有更多的自由选择权,用人单位有更多的用人自主权,这有利于人力资源的合理配置。但是,竞争日趋激烈的人才市场对师范生综合素质的要求提高,加上社会上就业机会减少,使得师范生的就业形势越来越严峻。

(二)师资来源日趋多样化

《面向21世纪教育振兴行动计划》提出要开展面向社会认定教师资格工作,拓宽教师来源,引入竞争机制,完善教师职务聘任制度。各地逐步开始实施教师准入制度,严把教师"入口关",对新任教师一律实行公开招聘、统一考试、竞争上岗、择优录用,打破了师范与非师范的专业界限。非师范生开始进入基础教育教师就业市场,给师范生就业带来了新的挑战,增加了师范生在教育系统内就业的难度。

(三)各层次师范院校毕业生竞争激烈

从用人单位的招聘要求来看,城市优质学校普遍要求应聘者的毕业学校为"985""211"重点院校,或具有研究生学历学位,本科毕业生就业空间受到挤压。在此形势下,师范生面对用人单位的严格要求,其工作选择空间大不相同:研究生及重点高校毕业生较受用人单位欢迎,而一般院校的毕业生则面临较大的压力,师范生之间的竞争更加激烈。

(四)供需出现结构性矛盾

经济发达城市的师资趋于饱和,贫困、偏远地区的师资却极度短缺。由于经济发达城市交通便利、生活便捷,当前师范生大都选择到大城市或经济发达地区就业,导致毕业生就业集中于某一区域,增加了就业的难度。经济发达城市长期吸纳大量应届生,师资早已接近饱和,对应届生的需求数量逐渐减少,使得岗位竞争更加激烈。与之形成鲜明对比的是,偏远地区由于经济落后、交通不便,很多毕业生不愿前往就业,即便去了也不打算长期在那里工作。同时,私立学校由于发展预期不明朗、职业前景不明确、工作压力偏大等原因,师资力量也相对紧缺。于是,出现了经济发达城市学校应聘者络绎不绝,偏远地区及私立学校几乎无人问津的尴尬场面。

四、师范生"就业难"的具体分析

(一)就业准备不足,核心竞争力不强

用人单位在招聘师资时,不仅注重其扎实的专业基础知识,更注重其师范技能与教学经验。而以全日制教学为主的师范类院校,多注重对学生理论知识的传授,忽视对其师范技能的培养及教育实践的训练,导致学生虽学到了系统的学科知识,却未能具备较高的师范技能。此外,学生教学实习时间较短,加上个别学生不重视实习,在实习期只是混日子,导致部分师范生实习经验缺失。师范技能的缺乏会导致其就业核心竞争力偏低,没有求职优势,即便走上了工作岗位,其也往往力不从心,难以适应岗位要求和学生需求。还有部分师范生不喜欢教师职业,在校期间不认真学习,没有进行职业生涯规划和职业认知的培训,毕业时对用人单位的要求及劳动力市场的需求一无所知,不知道自己能胜任什么工作。

(二)就业观念陈旧,就业倾向偏高

多数师范生眼高手低,缺乏准确定位,在求职中期望值过高,希望到发达地区工作,倾向于高薪、高福利且发展空间大的岗位,而没有认识到自身能力能否胜任,拔高了求职门槛,减少了就业机会,造成偏远欠发达地区和部分私立、民办学校苦于招聘难而应届师范毕业生找工作难的两难局面。有的师范生宁愿待业,也不愿意到基层、偏远地区、欠发达地区就业,一味地追求就业要"一步到位",这些就业观念不仅不适合社会实际需要,也影响了毕业生自身职业的发展。

(三)就业指导教育欠缺,毕业生求职规划缺乏

新形势下,就业市场对毕业生的多元化要求,使得毕业生的职业目标、自身定位和应聘技巧等在其就业过程中起着举足轻重的作用。高校就业指导课程是学生优化职业生涯规划、合理定位职业目标的主要渠道,但多数师范类院校的就业指导仍然处于初级阶段,指导对象多是大四学生,缺乏从大一到大四的就业观指导和学生职业生涯规划指导。同时,教育内容缺乏系统性,过多局限在对就业政策的解读、就业形势的介绍、求职技巧的培训等理论的传授上,缺乏针对性和有效性。就业指导教育只关注"结果",轻视"过程",注重短期效果的即时教育,忽视了就业指导的制度化、规范化和科学化,无助于大学生树立正确的价值观和择业观。

(四)就业信息不畅通,就业渠道受阻

随着互联网的发展及移动终端的普及,很多招聘信息都通过网站、微博、微信等来发布。而部分师范生对信息的敏锐度不够高,对信息的关注度不够强,对信息的筛选能力较差;有的没有信息共享意识,或者依赖性较强;有的就业态度不端正,就业意识较弱,对就业新政策、招聘信息、就业程序缺乏足够的认识和理解。与此同时,部分师范生受传统就业观影响,不愿意去非公立学校就业。另外,受现行户籍关系、人事档案、社会保险等制度制约,师范生从公立学校到私立学校的流动存在不少困难,毕业生到私立学校就业的积极性不高。一些城乡基层中小型私立学校制度不健全,管理不规范,难以吸引和留住人才。城乡基层学校对高校毕业生有较大需求,但由于相关制度不健全,配套政策不完善,大学生下基层就业的渠道不畅通。

(五)人才市场供需脱节,结构性失业频现

受历史与传统的影响,当前不少师范院校的专业设置与社会需求脱节。一方面,部分学科专业结构设置与人力资源市场需求脱节;另一方面,毕业生就业期望、就业能力与岗位要求不完全匹配。另外,师范类院校语文、数学等传统学科毕业生多,市场已经饱和,科学、地理、舞蹈、生物、历史等学科由于报考人数较少,近年来出现供不应求的情况。部分师范院校盲目追求考研率,师范生课程多围绕考研内容开设,使学生在就业时专业技能不能满足岗位要求。同时,中国城乡收入差距大,愿意到农村工作的学生越来越少,农村长期出现人才不足的问题。

(六)教师编制"凡进必考",增加了就业的不确定性

继人力资源和社会保障部发布《事业单位公开招聘人员暂行规定》(人事部令第6号)后,教育部又出台《关于进一步做好中小学教师补充工作的通知》,文件要求"从2009年开始,各地中小学新任教师补充应全部采取公开招聘的办法,不得再以其他方式和途径自行聘用教师"。全面落实严格的"凡进必考"制度,拉长了毕业生求职时间,增大了求职变数和求职难度,所以由"凡进必考"政策带来的就业不确定性十分明显。

(七)一线城市"落户"要求提高,师范生进入难

师范毕业生大多要进入公办学校工作,户口的迁入和编制的解决成为他们最大的需求。部分城市的"户口限制"政策阻碍了师范生就业。

进京限制政策愈加苛刻,由"双非"变为"三非",即在原有"非北京生源""非北京高校毕业"本科生不能进入中心城八区基础教育系统就业的基础上,增加了"北京市急需专业人才"(机械及自动化、临床医学、建筑工程、生物医药类、化学化工类、材料学)不能进入。而北京的郊区和县市的就业市场又因为实行"三支扶"计划,占用了绝大部分编制。

上海出台"户口打分制"政策,推出《2018非上海生源应届普通高校毕业生进沪就业申请本市户籍评分办法》(以下简称《办法》)。《办法》规定,毕业生的评分达到72分及以上才有资格办理上海户口。按照《办法》中的评分标准衡量,一般重点院校毕业生(33分),只有同时具备成绩排名前25%(8分)、通过CET-6级(8分)、通过计算机省级二级(7分)、省级荣誉称号(5分)、省级以上学术或文体奖(5分)、科研创新或自主创业(5分)、用人单位要素(平均5分),才可以获得76分,而同时具备上述条件对于绝大多数毕业生来说是一个"不可能的任务"。虽然《办法》同时规定,不能取得上海户口的毕业生可以办理"人才居住证",持有"人才居住证"的毕业生在医疗、社保、购房贷款、子女入学、工资福利等方面享受与上海市民同等待遇,但这种户口政策限制了师范生的进入。

(八)硕士研究生及非师范专业毕业生进入基础教育系统,冲击师范专业的就业市场

由于硕士研究生的大量扩招及高等教育就业市场普遍需要博士生,迫使硕士研究生就业层次整体下移。同时,经济发达地区基础教育系统用人单位倾向于选拔硕士研究生,尤其是南部沿海城市对硕士研究生的需求极为旺盛。该地区基础教育行业省级重点示范性高中为了提高师资素质、优化教师结构,在同等条件下优先选拔硕士研究生,后考虑本科毕业生。

教师资格证制度已在全国执行,非师范专业毕业生可以考取教师资格证,获得进入基础教育系统的"准入证"。因此,师范院校的非师范专业毕业生及部分综合类大学毕业生冲击着基础教育就业市场。

第三节 师范生职业生涯发展与规划

职业生涯是指一个人一生中在职业活动上的全部经历。一个人是否能拥有满意的职业,是否能顺利地在职业生涯道路上有所发展,很大程度上决定了这个人的生活质量。所以,每个人都希望在事业上取得成功,实现自己的职业目标。在职业生涯道路的选择上,我们应该根据自己各方面的具体情况,如自身的性格特长等,结合各种客观因素,如工作环境(包括自然环境及人文环境)等,来选择适合自己的职业生涯发展道路。

当我们开始从事第一份工作时,就开始了我们的职业生涯,走上了我们的职业生涯发展道路。但职业生涯道路的规划并不是以第一份工作为起点的,根据美国学者金斯伯格的职业发展理论,职业发展不是某时刻偶然完成的,而是从幼儿时期就开始,经长年酝酿积累,从一连串设想中反复比较,最终由社会需求促成的。而在这一过程中,进入具有职业限定性的高等教育机构中学习直至最后确定职业则是职业的实现时期,这个时期职业目标的确定及职业道路的制定对今后的职业生涯有着很大的影响。

一、教师的个体职业生涯发展路径

针对师范生的特点,我们将师范生职业生涯发展的基本路径做以下分类。

(一)公办幼儿园、小学教师

师范教育是培养师资的教育,学前教育专业、小学教育专业就是为幼儿园、小学培养师资的,师范生在这里接受教师职业知识和能力的训练,学习所教学科的专业知识,以及教师所必备的其他素质。

传统观念中,幼儿园、小学教师就是教书匠,他们的任务就是教会学生考试所需要的知识,帮助学生取得理想的成绩。而现在,教师,尤其是幼儿园、小学教师的职业发展越来越受关注。我们从两个维度对幼儿园、小学教师进行角色的定位:从社会的维度来看,教师是知识的传授者、班级的管理者、学生心理健康的咨询者,教师除了要提升自己的课堂教学能力之外,还应该关注自己在思想道德教育及心理辅导方面的能力培养,关注学生的健康成长,真正成为学生的良师益友;从教师自身的维度来看,教师是学习者、教学的研究者、学生家长的代理者,除了进行课堂教学之外,还应将其提升到理论层次上,为教育事业添砖加瓦。随着课程改革的不断深化,幼儿园、小学教师的角色也在不停地发生转变,师范生应该在校园里多了解各方面的政策,与时俱进,为以后成为一名成功的一线教师奠定良好的专业及其他方面的基础。

目前幼儿园、小学教师的职称发展一般为三级教师→二级教师→一级教师→高级教师→正高级教师。

职称的评定是需要满足一定条件的,既有学历、教龄的规定,也有在国家级省市教育系统的各项评比中取得成绩的要求、教研成果的要求等。当然,根据学校所在地区及学校自身条件的不同,教师在职称的评定上也会不同。

(二)民办学校(幼儿园)及教育培训机构教师

教育培训是由社会组织提供的有计划、有组织、有目的的职业技能培训,它的培训内容是根据个人近期的发展需要针对某一特定的职业或岗位,进行知识更新,传授新的职业技能,而个人所需掌握的知识类型及数量则视工作内容而定。教育培训市场的兴起,是随着市场经济及人们对教育的理解的深入而发展起来的。在校学生为提高学习成绩或自身素质,在职人员为晋职、转岗等,参加诸如外语、职业技能方面的培训,这使教育培训成为终身学习的一个重要组成部分,而不仅仅是学校教育的附属。

近年来,国内涌现出许多著名的教育培训机构,如英语类的新东方、剑桥少儿英语,IT类的北大青鸟,中高考培训的学大,考研类的启航、导航·领航,学前、小学潜能开发方面的金字塔,等等。除此之外,全国各大网站也纷纷邀请权威人士进行全国范围内的教育培训机构的评比,教育培训越来越受到人们的关注,它的市场前景也越来越好。

传统观念认为,在教育培训机构工作无法得到各方面的保障,在待遇问题上,编制、薪金、保险、公积金等问题也时时困扰着毕业生及家长们。近年来,随着机制的不断健全,教育培训单位的管理也越来越规范。以新东方为例,它有非常健全的教师选拔、培训、考勤、薪金等方面的制度,多劳多得、凭能力说话的氛围也让年轻人在这片天地里有了更广阔的发展前景。

对于教育培训机构来说,在招聘培训教师时,一般会要求教师有教学经验,或是在培训的相关专业领域达到较高的水平,这些要求对师范生来说是比较占优势的,他们既可以应用自己的专业,又在性质上比较对口。有志于进入教育培训机构的师范生,应在学习期间寻找教学实践的机会,不断积累教学经验,并明确职业目标,提升自己在专业领域的教学能力。

(三)公务员

公务员考试分为国考和省考。国考一般在每年10月的中下旬启动,省考一般在每年3月的中旬启动。考核步骤为报考(资格审查)、笔试(公共科目、基础知识、专业科目、专业知识)、面试及心理测评、体检、考核、审批、录用。而公务员的职业发展一般是逐级(由15级至1级)晋升的,每一个级别对不同岗位来说,也对应着不同的职务。报考公务员必须具备一定的条件,除国家和主考机关规定的成为某职位上的公务员不可缺少的起码的资格条件之外,各个需求岗位还会对工作经验、专业英语水平、计算机水平等有所要求。毕业生应该密切关注国家及各省区市公务员的招聘公告,选择专业对口或符合报考条件的岗位,认真准备公共科目及基础知识的考试,关注时事政治。

(四)其他

由于国家对大学生自主创业的鼓励政策不断深入,大学生自主创业在近几年被炒得越来越热,随着网络等信息技术的发展,资金问题不再是大学生创业最棘手的问题。创业培训免税政策、小额国家贴息贷款,同时有了诸多优越的平台,师范生也可以好好利用各种机会,开发自己的潜能,闯出自己的小小天地。

二、教师职业生涯发展路径的运动形式

个人的第一份工作可能会关系到他的整个职业生涯道路,但不一定会决定他今后的职业发展。在具体运作上,职业生涯的发展路径又可分为以下几类。

(一)直线型职业发展路径,也叫单一型发展路径

这种发展路径主要是指人在一生的职业发展中只从事一种职业,职业发展目标就是晋升。这种职业发展一般都是逐级晋升的,但也会因为岗位急需、业绩突出而出现越级晋升等破格提拔的现象。如从事护士职业,陆续担任护士→护师→主管护师→副主任护师→主任护师;从事教师职业,则是根据职称由低到高向上发展,在直线型职业发展这条路上,职业发展需要个人努力,更受单位梯队建设等因素的制约。

(二)双重型职业发展路径,也叫平行型发展路径

这种发展路径主要指人的职业生涯发展是由两个可以相互跨越的职业发展通道交织而成的。这种职业生涯发展路径与第一种的差别在于:第一种发展路径只有一种职业发展通道,或是管理型,或是技术型;而双重型职业发展路径则可以选择两者兼顾的发展路径。比如有些师范生成为一线教师之后,同时在学校内部担任某些行政工作,参与学校行政事务管理,或担任某学会理事等,这就是双重型职业发展路径。

(三)螺旋型职业发展路径,也叫混合型发展路径

这种发展路径主要是指员工在职业发展中从事两种或两种以上职业,通过学习和积累可以在不同的职业甚至是行业中寻找不同的发展机会。有人先做记者,后做公关,他的职业目标是在传媒业的大空间内拓展自己的事业——做策划或广告;有人在做外贸信息收集员后,做某网络公司策划总监,其原有市场经验和信息收集分析的经验都为从事策划奠定了基础……这种发展路径的通道不明晰,关键是满足成就感,职业发展主要靠个人的设计与管理。有些师范生在毕业之后进入教育培训部门进一步积累教学经验,同时学习他人的管理经验,待自己具备各方面的条件之后,再进行自主创业,这就是混合型发展路径。

"统一招生,免费入学,统一分配"的师范生政策已经成为历史,在"供需见面双向选

择"的今天,师范生们更应拓宽眼界,明确自己的就业目标,摒弃"60分万岁"的想法,抓住每一个锻炼自己、提升自己的机会,这样纵有千军万马,也定能在就业大军中一马当先。

第三章 师范生自我认知与专业认知

第一节 师范生自我认知

从小学开始,学校就给我们灌输了一种竞争的思想,老师给我们灌输了一种埋头学习的思想,家长给我们灌输了一种比较的思想。我们在与他人的比较中活了十几年,不断地竞争,仿佛只要成绩好就胜过一切,我们读课外书的机会少了,我们认识自己的机会少了,我们建立优良人格的机会没有了。进入大学,我们从繁重的课业中解脱出来,有了更多的时间去读各种书,去认识自己,抓住大学的机遇,培养自己的品格、人格和健康心理是最重要的事。

世界上最难了解的人不是别人,恰恰是自己。人们常说:"人贵有自知之明。"只有正确认识自己,客观地评价自己,并愉快地接纳自己,才能发展自己、成就自己,最终实现人生价值。本部分旨在从大学生的身心发育特点及个性环境等方面帮助同学们正确认识自我。

一、兴趣认知

(一)兴趣的定义

兴趣是个体积极探索某种事物,力求认识、掌握某种事物并经常参与该种活动的心理倾向,它表现为个体对某种事物或从事某项活动的选择性态度和积极的情绪反应。对有兴趣的事物,个体愿意关注,愿意了解与之有关的知识,愿意探索与之有关的未知领域。职业兴趣就是个体力求了解某种职业或进行某项职业活动的心理倾向。个人对某种职业感兴趣,就会对该种职业活动表现出肯定的态度,并积极思考、探索和追求。

(二)兴趣的产生与发展

兴趣的发展经历一定的阶段性:有趣、乐趣、志趣。

有趣是兴趣发展过程的第一个阶段。人们由于对某一事物好奇,而格外注意,并由此产生了兴趣。看了一部小说,听到一首歌,参观了一个展览,玩了一个游戏,尝试了某项活动,都会激起人对某种事物的兴趣。例如,偶尔看到一部电视,对里面塑造的教师角色很喜欢,尝试与小朋友们玩教学游戏,觉得很有趣。然而,若是没有进一步的刺激或感悟,没有对这个事物的一定的知识积累,这种与新奇感联系的兴趣往往短暂易逝。从这个角度上说,兴趣的产生与个体的涉猎范围有关。保持心态开放、多做尝试、扩大视野有利于培养或发现兴趣所在。这个阶段最大的特点是不稳定、多变,容易转移。

乐趣是兴趣发展过程的第二个阶段。对感到有趣的事物有了逐步深入的认识,产生了参与意识,兴趣趋向稳定和专一,深入而具有长久性,成为一种爱好。例如,对教学感兴趣的同学加入培训或辅导学生课业的组织。

志趣是兴趣发展过程的第三个阶段。当乐趣同你的理想、奋斗目标结合起来时,乐趣便变成了志趣。志趣最大的特点就是具有自觉性,个体愿意把全部精力投注在与志趣相关的工作上,即使遇到障碍,志趣也会推动着个体孜孜不倦地前进以求成功。例如,对教育感兴趣的同学即使家人反对也要报考师范学校,做一名教师。

(三)兴趣对职业生涯规划的影响

职业兴趣是一种相对稳定的心理品质,它能增进个体对职业的满意度和忠诚度。子曰:"知之者不如好之者,好之者不如乐之者。"因此,兴趣在一个人的职业生涯发展中具有重要的地位,其影响主要表现在以下几个方面。

1. 兴趣是职业选择的重要依据

职业兴趣会影响人们的职业选择,是人们选择职业时重要的参考因素之一。对有兴趣的职业,人们会有积极追求、深入了解的愿望。兴趣是最好的老师,能够引领个体发挥主观能动性,积极学习相关的职业知识,勤于钻研,大胆探索,勇于创新。诺贝尔物理学奖获得者丁肇中教授说:"任何科学研究,最重要的是要看对自己所从事的工作有没有兴趣。换句话说,也就是有没有事业心,这不能有丝毫的强迫。比如搞物理实验,因为我有兴趣,我可以两天两夜,甚至三天三夜待在实验室里,守在仪器旁,我迫切地需要我所要探索的东西。"满怀兴趣去工作,就是"我要工作",而不是"要我工作"。兴趣是选择职业最重要的依据之一,因为只有兴趣才能带给人奋斗的激情和创造的智慧,带给人持之以恒的毅力和克服困难的勇气,顺着兴趣的指引,更容易攀上事业的顶峰。

2. 兴趣是职业发展的持久动力

兴趣是工作动力的主要源泉之一。一个人对职业感兴趣,就会对职业表现出肯定的态度,积极思考、探索和追求。有关资料表明,如果一个人对某一工作有兴趣,就能够发挥他全部才能的 80%~90%,并且能较长时间保持高效率而不感到疲劳;而对工作缺乏兴趣的人,只能发挥其全部才能的 20%~30%,也容易疲劳、厌倦。职业兴趣能使人发挥主动性和创造性,在职业中取得新发现、新突破、新成果。工作环境对这些成就的积极反馈及取得的成就感本身都会进一步促进个体付出更大的努力,做出更大的成就,从而保持工作的持续动力。

3. 兴趣需要职业的培养和保护

兴趣能够通过职业生涯来培养。对于现在的青少年来说,周围世界提供了丰富的刺激和选择,很多人在 30 岁之前的职业兴趣还停留在有趣或乐趣的阶段,并未形成坚定的职业志趣。有很多人的职业志趣是在职业环境中通过职业活动激发和培养出来的。所以在没有尝试之前,并不能认为自己没有兴趣而轻易否决一个职业。比如遇到好的职业督导或通过自身努力,对所从事的职业了解增多,取得工作成就或得到同事的认可,积极反馈增多,就可能慢慢产生兴趣。这就是对工作由"相识"而逐渐"相爱"的心理发展历程,即所谓"干一行,爱一行"。

(四)兴趣探索的方法

那么怎样了解自己的兴趣呢？除了在生活中仔细观察、及时反省之外，经常需要用到心理评估。所谓心理评估，是指通过多种方法和手段，对心理特质的水平、特点做出全面的鉴定。这些方法包括标准化评估与非标准化评估。标准化评估指应用标准化心理测验或其他有明确实施过程、计分要求、解释规则的评估手段。这类评估的结构性相对较强，需要由专业人员来施测、计分和解释。非标准化评估没有严格的实施过程、计分要求和解释规则，一般结构性不强，如观察法、活动法等。

下面介绍几种探索兴趣的心理评估方法。

1.标准化评估

目前使用比较广泛的兴趣测验是霍兰德自我探索量表（self detector search，SDS）。20世纪50年代霍兰德在提出特质取向的职业选择理论基础上，编制了职业偏好问卷，1971年进一步修订成为自我探索量表。几经修订，现在最新的版本是1994年发行的第四版自我探索量表，其包括两部分内容：自我导向探索问卷和职业索引。问卷部分包括：理想职业、喜欢做的活动、擅长做的活动、喜欢的职业、能力和技能自我评估、计分及职业查询等。测试者完成整个问卷后，可以根据自己在不同类型中的得分高低，得分最高的前三位构成自己兴趣类型的霍兰德代码。测试者可以根据自己的霍兰德代码到职业索引中查询自己适合从事的职业。

霍兰德所划分的六种职业兴趣类型分别是现实型、研究型、艺术型、社会型、企业型和常规型。

现实型的基本人格倾向是偏好于具体任务，不善言辞，做事保守，较为谦虚；愿意使用工具从事操作性工作，动手能力强，做事手脚灵活，动作协调；缺乏社交能力，通常喜欢独立做事。

典型职业：以物体、机械、动物等为对象，从事有规则的、明确的、有序的、系统的活动，如技术性职业（计算机硬件人员、摄影师、制图员、机械装配工）、技能性职业（木匠、厨师、技工、修理工、农民、一般劳动者）。

研究型的基本人格倾向是分析型的、智慧的、有探究心的和内省的，考虑问题理性，做事喜欢精确，喜欢逻辑分析和推理，不断探讨未知的领域；是思想家而非实干家，抽象思维能力强，求知欲强，肯动脑，善思考，不愿动手。

典型职业：从事智力的、抽象的、分析的、独立的、带有研究性质的职业活动，如科学研究人员、教师、工程师、电脑编程人员、医生、系统分析员。

艺术型的基本人格倾向是具有想象、冲动、直觉、无秩序、情绪化、理想化、有创意等特点，乐于创造新颖、与众不同的成果，渴望表现自己的个性，实现自身的价值；做事理想化，追求完美，不重实际，不善于事务性工作。

典型职业：要求具备艺术修养、创造力、表达能力和直觉，并将其用于语言、行为、声音、颜色和形式的审美、思索和感受，如艺术方面职业（演员、导演、艺术设计师、雕刻家、建筑师、摄影家、广告制作人）、音乐方面职业（歌唱家、作曲家、乐队指挥）、文学方面职业（小说家、诗人、剧作家）。

社会型的基本人格倾向是合作、友善助人、负责任、圆滑、善于社交言谈、善解人意等;喜欢社会交往,关心社会问题,比较看重社会义务和社会道德,具有教育能力和与人相处等人际关系方面的能力。

典型职业:从事提供信息、启迪、帮助、培训、开发或治疗等事务,如教师、公务员、咨询员、社会工作者等以与人接触为中心的社会服务型工作。

企业型的基本人格倾向是喜欢冒险、精力充沛、善于社交、自信心强;做事有较强的目的性,追求权力、权威和物质财富,喜欢从事为获得利益而操纵、驱动他人的活动;具备经营、管理、劝服、监督和领导才能。

典型职业:实现机构、政治、社会及经济目标的工作,如项目经理、销售人员、营销管理人员、政府官员、企业领导、法官、律师。

常规型的基本人格倾向是顺从、谨慎、保守、实际、稳重、有效率、善于自我控制;尊重权威和规章制度,喜欢按计划办事,细心、有条理,习惯接受他人的指挥和领导,自己不谋求领导职务;喜欢关注实际和细节情况,通常较为谨慎和保守,缺乏创造性,不喜欢冒险和竞争,富有自我牺牲精神。

典型职业:从事记录整理档案资料、操作办公机械、处理数据资料等有系统有条理的活动,如秘书、办公室人员、记事员、会计、行政助理、图书馆管理员、出纳员、打字员、投资分析员。

2.非标准化评估

(1)叙事法。通过讲述生活经历中的事件来分析和澄清自己的兴趣所在。如你最喜欢的课程是什么?做什么事情的时候你会忘记时间?做什么事情你最有成就感?你最喜欢的三个人是谁?你喜欢看什么样的电视节目、书籍、杂志?如果有时间,你最想去做什么?

通过对问题的回答,反思答案之间有没有内在一致性,对其进行分析,以此来帮助确认职业兴趣。

(2)活动法。通过一些活动来确认兴趣,如兴趣岛、生涯幻游、职业卡片分类等活动。

你第一选择的是你最主要的职业兴趣,次要选择的则是辅助性的兴趣所在。大家可以对照前面所介绍的霍兰德六种兴趣类型对自己进行分析。

生涯幻游是指通过冥想的方式,在完全放松的状态下想象自己要过的生活和从事的职业。如想象十年后典型的一天,对想象的内容和个体对此的感受进行分析,确认个体潜在的职业兴趣。

职业卡片分类是利用职业兴趣卡,在咨询师的指导下对卡片按照喜好程度的不同进行分类,以归纳分析自己的职业兴趣。

二、能力认知

(一)能力与技能

1.能力

所谓能力是人们顺利实现某种活动所必须具备的特征,"必须"意味着如果不具备这种能力,相关的活动就无法进行。例如,一位教师所具有的教学能力、记忆力等,都是能力。还有其他一些特征也会影响活动的进行,如气质性格,表现在人的活动中并对活动的完成产生一定的影响,但它们不直接决定活动的完成,因而不属于能力的范畴,它们的作用在于使个体的活动带有各自独特的色彩。能力表现在所从事的各种活动中,并在活动中得到进一步的发展。

能力是各种各样的,根据表现范围可以将其分为一般能力和特殊能力。一般能力是指在不同种类的活动中所表现出来的能力,例如,思维力、想象力、观察力、抽象概括力、创造力等都属于一般能力。特殊能力是指在某种特定的专业或职业活动中表现出来的能力,如运动能力、绘画能力、舞蹈能力、指挥能力等。

不同的职业对于能力的要求并不相同。相比其他职业,从事教育工作的教师所需的一般能力起点较高,需要具备敏锐的观察力、持久的注意力、准确的记忆力、丰富的想象力和灵活的思维能力,以及良好的人际沟通能力、实际操作能力、口头表达能力和体语表现能力。而教育能力是教师一般能力的延伸,是与教育教学活动密不可分并直接影响其活动质量与效率的多种特殊能力的有机结合,是教师从事教书育人活动所必须具备的带有职业特点的能力。李斌将教师的教育能力分为三个基本要素:教学能力、育人能力和拓展能力。

教师的教学能力是教育能力中最主要的能力,包括基本教学能力和特定学科专业教学能力。能够有效地将需要掌握的知识通过课堂传递给学生,是体现一个教师能力的主要方面。育人能力则是教师普遍应具备的培养学生优良的思想品德和健康心理的综合能力,包括思想品德教育能力、生活指导能力、班队管理能力、心理健康教育与咨询能力。优秀的教师不但应该教会学生如何做事,更应该培养学生如何做人,使学生发展为一个人格完善的人。对学生进行心理健康教育正日益受到重视,学生正处于人生观、价值观及个性形成和发展的重要阶段,教师掌握一定的心理学知识,有助于及时发现、正确关注、有效处理学生成长过程中的心理问题,这是时代对教师提出的一项新要求。教师的拓展能力则使教师自己的思想、业务及人格不断趋于完善、完美,其主要包括学习能力、教育科研能力和创造能力。特别是在如今的信息时代,教师需要通过不断学习,从知识的广度和深度上调整自己的知识结构体系,做到知识储备与时俱进,这样才能使课程常上常新,度过职业发展的"高原期"。教育科研能力可以使教师在发现问题的基础上,进一步认识教育教学规律,不断提高教育教学的质量和效率,提高专业化水平。另外,教师工作本身就是一种创造性劳动,只有以创新精神对待教育教学工作,才能使教育教学工作持续发展和提高。

2. 技能

技能是指掌握和运用专门技术的能力,是在工作和求职中最被看重的因素之一。在日常生活中人们可能会把技能与能力混淆,但两者是有区别的。能力是指成功完成事情的潜能,而技能是经过学习和练习获得的能够完成一定任务的动作系统。技能按其熟练程度可分为初级技能和技巧性技能。初级技能只表示"会做"某件事,而未达到熟练的程度。初级技能如果经过有目的、有组织的反复练习,动作就会趋向自动化,而达到技巧性技能阶段。职业咨询师辛迪尼·梵(Sidney Fine)和理查德·鲍尔斯(Richard Bolles)把技能分成三个基本类别:功能性或称可迁移技能(用动词来表示,如调查、讲解)、专业知识技能(用名词来表示,如历史、英语),以及适应性技能(用形容词表示,如热情、耐心)。

(1)可迁移技能,也称为通用技能,是指在很多种工作中都能运用到的技能,可以通过生活中的方方面面甚至是工作之外得到发展,也可以迁移应用到不同的工作中去。例如,组织朋友举办休闲聚会的技能也可以迁移到组织班级活动中。可迁移技能通常用动词表示,如教学、管理组织、分析设计等。赫伍德·斐格勒(Howard Figler)作为美国著名的心理学家和职业专家,在1988年对可迁移技能进行了十类划分,并对这些技能在职业竞争中的作用做了高度的评价。分别如下:

①预算管理,表现为对现有资源的最佳运用。

②督导他人,表现为执行、实现能力。

③公共关系,表现为良好的氛围营造能力。

④应对最后期限的压力,表现出强烈的攻坚能力。

⑤磋商和仲裁,表现出合理适当的妥协共存能力。

⑥公共演讲,表现出公共引导和宣传方面的潜力。

⑦公共评论协作,也是公共引导和宣传的表现。

⑧组织、管理、调整能力,是领导和资源协调能力的综合体现。

⑨与他人面谈的技巧和能力,个体交往潜力的集中表现区域。

⑩教学和教导能力,传授方面的潜质。

随着职业的发展,其对综合能力的要求越来越高。个体拥有的可迁移技能越多越复杂,选择职业的自由度越大,也越容易获得上升的发展空间。

(2)专业知识技能。专业知识技能是指那些需要通过教育或者培训才能获得的特别的知识或者能力。这些技能是某个学科比如物理、数学、化学、计算机、教育学等特有的,很难迁移到其他领域。专业知识技能一般可以用名词来表示,是可迁移技能的宾语。例如,教授英语、讲解中国发展史、审计数据、指导学生等。专业知识技能一般需要经过有意识的、专门的培训才能掌握,是大学阶段最重要的学习内容。但其获得的途径除了正规的专业教育外,也可以是课外培训、专业会议讲解或者研讨会、自学等。

(3)适应性技能。这种技能是指有助于个体更好地适应周围的环境,调整自己从而更好地表现的能力。适应性技能包括与人相处、自我管理、团体合作、处理冲突等的能力。使用这些技能使个体建设性地应对周围环境的变化,更好地使用和发挥可迁移技能和专业知识技能。通常以形容词或者副词来表达,如忠诚、有责任感、公正、随和等。由于被用来描述人的某些特征,通常这种技能被认为是人格特质,但它们可以通过反复练习获得,并不像人格特质那样稳定和难以改变。

原苏联乌克兰心理科学院教学心理实验室曾对学生心目中的教师应具备的重要品质进行了调查,学生认为最重要的品质是:①善于生动有趣、通俗易懂地讲课;②对待学生公正和客观;③拥有渊博的知识;④有极强的组织才能,善于维持纪律;⑤平易近人,善于了解学生;⑥热爱事业,具有强烈的事业心和责任感;⑦遇事沉着,与人为善,彬彬有礼;⑧待人诚恳,关心别人;⑨有自我批评精神,乐观、认真、机智、信任、坚定。日本心理学家大竹成调查了日本初一和高二共698名学生,得出学生喜欢的教师品质,其排名次序是理解学生;亲切,平易近人;能信赖;公正;教得清楚;开朗;感情真挚;教育热心;守时,不懒惰;活泼;教得有趣;知识丰富;责任心强;认真;教学水平高;民主;一丝不苟;品德高尚;有信仰;文雅。可见适应性技能在其中占了相当的比例,这是一个受欢迎的教师必须拥有的。

(二)能力探索的方法

1.正式评估——心理测验

(1)一般职业能力倾向测验。一般职业能力倾向测验主要测量的是各种职业都会涉及的通用能力,一般来说属于综合能力测试。常用的测验如一般能力倾向成套测验(General Aptitude Test Battery,简称GATB),它由美国联邦劳工部在20世纪40年代编制,目前使用的GATB由八个纸笔测验和四个仪器测验共十二个分测验组成,可先对九种能力倾向进行评定,即一般学习能力(G)、言语能力(V)、数理能力(N)、空间判断能力(S)、形状知觉能力(P)、书写知觉能力(Q)、运动协调能力(K)、手指灵巧性(F)和手腕灵巧性(M)。

(2)特殊职业能力倾向测验。行政职业能力倾向测验是特殊职业能力倾向测验中的一种,是世界各国公务员录用考试中重要的筛选工具,主要预测被试者在行政职业领域内取得成功的可能性。行政职业能力倾向测验内容包括言语理解与表达(对语言文字的综合分析能力)、数量关系(包括数字推理、数学运算)、判断推理(包括图形推理、演绎推理、定义判断、事件排序、机械推理)、常识判断(涵盖法律、政治、经济、管理、人文、科技等方面,考查受测者在这些方面应具备的最基本知识,以及运用基本知识分析判断的基本能力)、资料分析(对文字、图形、表格三种形式的数据性、统计性资料进行综合分析推理与加工的能力)。

2.非正式评估

能力探索的非正式评估方法有我最成功的事情、工作能力排序等。通过成功经验或者能力排序情况分析个体的优势和特长。

三、价值观认知

(一)价值观与职业价值观

价值观是心理结构的核心因素之一,价值观是个体关于什么是值得的、有价值的一系列信念,指个体对客观事物(包括人、物、事)及对自己的行为结果的意义、作用效果和重要性的总体评价,是推动并指引一个人做出决定采取行动的原则与标准。而职业价值观是个体一般价值观在职业生活中的体现,是人们依据自身的需要对待职业行为和工作结果的比较稳定的具有概括性和动力作用的一套信念系统。它不但决定了人们的择业倾向,而且决定了人们的工作态度:它是个体在长期的社会变化中所获得的关于职业经验和职业感受的结晶。

职业价值观以价值观为认识基础,与人的世界观和人生观相联系,一旦形成,就具有较强的稳定性。但职业价值观也是具有阶段性的。人在不同的阶段有不同的需要,低层次的需要满足以后,会产生更高层次的需要。职业价值观根据人的需要而产生,会因需要的不同而表现出不同。它体现了一个人真正想从工作中得到什么,它对于个体的职业选择与发展起着方向导引及动力维持的作用。

(二)职业价值观的内容

心理学家马丁·凯茨(Martin Katz)通过研究二百五十种左右的职业,找出了十种

与工作有关的价值观,认为在它们背后隐藏着我们的重要性倾向。这十种价值观分别是以下几种:

1. 高收入

高收入特指对超出实际需要的收入的强烈预期,除生活所需以外还有很多可以自由支配的收入,可以消费奢侈品或进行投资,但也不一定必须指向某个或某些具体的用途。

2. 社会声望

个体在社会生活中具有威望,因地位和名誉等因素得到重视。

3. 独立性

在工作中具有做决定的自由,有较大自由发挥的空间。

4. 帮助别人

帮助别人即以改善他人的健康、福利、教育状况为职业的主要内容。

5. 稳定性

工作受经济形势、技术或者政策的影响较小,收入稳定,不会轻易失业。

6. 多样性

工作中需要经常面对新问题、新环境和新的人际关系。

7. 领导力

在工作中能够管理和激励他人,承担责任,影响事情的发展。

8. 兴趣

所从事的职业符合个人的兴趣特点。

9. 休闲

所从事的职业能够不影响甚至有利于个人的休闲爱好。

10. 尽早工作

尽早工作是在对教育和实践关系上更热衷于后者的一种倾向。希望早日参加工作,认为积累工作经验和获得收入要比继续学习更有价值。

按照马丁·凯茨的职业价值观内容,要在一份工作中满足所有的价值观是不可能的。比如"高收入"和"休闲"就在一定程度上是冲突的。在这十种价值观类型里面根据重视程度排出优先次序,这种选择就体现了个人的职业价值观。

(三)教师的职业价值观

选择一份职业,就选择了一种生活方式,选择了一种价值信念。教师工作价值观是人们对教师职业所赋予的一定看法、意义的总和,是教师自己或他人对教师职业的意义和价值的认知,是人们对待教师职业的一种信念和态度。它反映了人们对教师职业的基本价值取向,是教师价值观的重要组成部分。教师作为一个教育工作者,承担着传承知识,培养未来的建设者和接班人的责任,在人类社会发展中起着承前启后、继往开来的作用,具有非常大的社会价值和精神价值。同时,教师作为一种职业而言,本身具有相当的稳定性,工作时间相对灵活,工作方式相对独立,对学生具有指挥权和建议权,能够带来较大的成就感和尊严感,根据马克思、恩格斯对于不同社会状态下人的自由程度的不同而经历的生存、享受、发展三个层次的划分,基于人们对教师职业价值的现实观念,将教师的职业价值观分为生存型、享受型、奉献型和发展型四种。

生存型教师职业价值观认为,教师仅仅是为了谋生和养家糊口而从事教师职业。持此观点的教师主要是从生计出发,站在功利的角度,以被动和消极的眼光看待自己的职业,如把教师看成知识的搬运工,把教师的工作看成无可奈何的选择,将教师的职业当作寻找"更好"职业之前的跳板等。由于从事这一职业更多的是出于无奈,因而他们感到困惑和痛苦。在这类教师身上我们看到的是对职业的厌恶和疏远,教师与职业是分离的,他们是"subsistence"。

享受型教师职业价值观认为,教师是为了体验人生和品味幸福而从事教师职业的。持此观点的教师主要是从兴趣出发,站在非功利的角度,以对教育事业和学生的热爱来对待自己的职业,如把学生的成长当成教师自己最大的快乐,对工作充满热爱,在付出与给予中获得内心满足等。他们从事这一职业是因为自己喜欢,因而感到快乐和幸福。在这类教师身上,我们感受到他们对教师职业的热情和积极的态度,教师与职业是融为一体的,职业本身就是"life"。

奉献型教师职业价值观认为,教师是为了服务社会和奉献自我而从事教师职业的。持此观点的教师主要是从社会和学生需要出发,站在超功利的角度,以为社会做贡献的立场看待自己的职业,他们从事教师职业是为了学生的成长和发展,因学生的良好发展而感到自豪,感到自己奉献的价值。如把学生的成长当成自己最大的骄傲,在平凡的工作中甘当燃烧自己、照亮别人的"蜡烛",为学生、为教育事业奉献自己的一切,把教师职业看作一种奉献和牺牲的活动等。在这类教师身上,我们体会到他们对培育学生的迫切愿望和富于牺牲的奉献精神。教师以职业为工具,教师与职业是分离的,他们一直在"give"。

发展型教师职业价值观认为,教师是为了服务社会和完善自我而从事教师职业的。持此观点的教师主要是从自身和社会需要出发,站在超功利的角度,以完善自我、为社会做贡献的立场看待自己的职业,他们从事这一职业是为了过一个更有意义的人生,因而感到崇高而有价值。如把教师看成教育活动的反思者和研究者,以终身自我教育作为教育生涯的推动力,视教师职业为不仅给予也在收获的有意义的活动等。在这类教师身上,我们体会到他们对提升自己的迫切愿望和富于创造性的教育智慧,他们是超越职业的,是以"教育家"为发展目标的,他们一直在"grow"。

当然,教师职业价值观的这四种类型并不是相互排斥的,持享受型、奉献型与发展型职业价值观的教师也有生存的需要,持发展型职业价值观的教师也有"享受"和"奉献"的需要,只是这四种教师职业价值观显示出不同的教师在不同的阶段,对于教师职业的认知境界不同。就个体而言,在现实中,完全符合这四种职业价值观中某种的教师是很少的,多数教师的职业价值观是属于两种或几种类型的混合型。就群体而言,在一个学校、一个地区乃至一个国家中可能持生存型、享受型、奉献型和发展型四种以至更多种职业价值观的教师并存,这体现了教师对其职业价值的不同认知水平。这种不同的认知水平决定了他们对待职业的不同态度、不同的行为选择,也由此决定了教师不同的职业发展水平。

(四)价值观的探索方法

1.标准化评估

舒伯的职业价值观问卷:舒伯和他的同事于1970年研发的职业价值观问卷(Work

Value Inventory),包含三个维度十五个因子,从中可以了解人们对于工作中各项特征的重要性的排序。

上述三个维度十五个因子分别是:①内在价值维度,指工作本身的一些特性,包括七个因子,分别是智力激发、利他性、创造性、独立性、美感、成就、管理;②外在价值维度,指与工作内容无关的外部因素,它包括四个因子,即工作环境、同事关系、监督关系和变动性;③外在报酬维度,指在职业活动中能获得的因素,它包含四个因子,即声望、安全性、经济报酬和生活方式。

2.非正式评估

活动法:咨询师通过举办虚拟拍卖会或者设置虚拟的危机事件,让参与者在有限时间内对一定数量的价值种类进行选择,咨询师根据参与者的最终决定和决策过程,进一步分析讨论,确定参与者的价值观念。

四、自我评估与调整

(一)大学生的自我意识能力

自我意识是多维度、多层次的复杂心理现象,主要由自我认知、自我体验和自我调节三部分组成。大学生的自我意识能力发展呈现以下特点。

第一,自我认知更趋主动、客观。自我认知是自我意识的认知部分,包括个人的自我感觉、自我分析和自我评价等。大学生的自我认知更具主动性和自觉性。这是因为:一方面,个体生理趋于成熟;另一方面,随着交往关系的扩大,个体的独立意识与社会化意识得到强化。

大学作为青年走向社会、走向工作岗位的准备过程,其中的个体不仅要考虑自己与周围环境的关系,还要考虑自身的社会责任与前途等问题。因此,大学生跨入校门之后首要面对的问题就是对自己做出一个较为符合实际的评价,即我是什么样的人,我应该怎样,我能成为什么样的人,等等。在评价的过程中,由于各类知识的增多、生活经验的扩大,大多数大学生对自己的分析、评价逐渐变得客观、现实和全面。

第二,自我体验更加丰富复杂。自我体验是自我意识的情绪成分,是人对自己情绪状态的反映。自我体验可以表现为自尊、自豪、自爱、自卑、自怜等情绪状态。大学生活实际上是个体对自我的重新认定和确证过程。中学时期的目标比较简单就是考上大学。而进入大学之后,大学生面临交友、恋爱、职业选择等系列新的问题。因此,处于青年中期的大学生的自我体验仍然有一定程度上的波动性。如取得成绩时就能产生积极、肯定的情绪体验,容易骄傲自满,忘乎所以;而遇到挫折时,容易自卑、悲观、失望。多数大学生具有较强的自尊心,自尊心较强的人不仅对自己持肯定态度,也往往能够接纳别人,乐于参加社会活动。

第三,自我调节能力提高。自我调节是自我意识的意志部分,表明个体的自觉过程,包括监督、自我激励、自我控制、自我暗示等形式。大学生是一个特殊的群体,其社会责任感和成就动力强烈,能够自觉、主动地确立自己的价值目标,并在实现自己理想的过程中调节自己,使自己的努力沿着既定的方向发展。他们期望摆脱对成人的依赖,独立地进行思考、判断;喜欢当众表达自己的主张,以显示自己的价值和存在。

(二)大学生如何正确认识自己

人生之路没有坦途。挫折使我们痛苦,但它同时又是一种挑战和考验,激励我们成长,这是生活的辩证法。问题的关键不在于挫折的有无和强弱,而在于我们对待挫折的态度。如果把挫折比喻为人生的风雨,把大学时代比喻为多雨的季节,那么,当雨季来临的时候,我们就该及时地自问:我该怎样面对雨季?我的伞在哪里?

1.正确地认识自我并客观地对待自我

自我悦纳是发展健康的自我体验的关键和核心。具体地说,自我悦纳要求做到:
①接受自己,喜欢自己,觉得自己独一无二,有价值感、自豪感、愉快感和满足感;
②性情开朗,对生活乐观,对未来充满憧憬;
③平静而又理智地看待自己的长处和短处,冷静对待自己的得与失;
④树立远大的理想,激励自己不断克服消极情绪;
⑤既不以虚幻的自我补偿自己内心的空虚,也不消极、回避、漠视自己的现实来否定自己,更不以怨恨、自责以至厌恶来否定自己。

2.正确地自我评价

个人必须建立在正确的自我认知基础上,正确地自我悦纳,积极地自我体验,有效地自我控制。自我悦纳是自我意识健康发展的关键所在。悦纳自我首先要接纳自己,喜欢自己,欣赏自己,体会自我的独特性,在此基础上体验价值感、幸福感、愉快感与满足感;其次是理智与客观地对待自己的长处与短处,冷静地看待得与失。在生活中注重自我,自我意识是将注意力集中在自我的一种状态。积极的策略是关注你自己的成功,并将优势积累,每个人身上都有无数的闪光点,重点在于寻找你自己的闪光点并将其构成亮丽的人生风景线。

3.适度宣泄,尽早摆脱

如果心中苦闷,不妨找两个亲近的人,把心里的话倾吐出来,这样,不健康的情绪就得到了宣泄。宣泄是一种自我心理救护,它可以消除因挫折而带来的精神压力。但宣泄应当适度,乞丐型、攻击型等的宣泄方式是不值得采纳的。每个人都应该活得有尊严,相信"心若在梦就在""我们还可以从头再来",不要像"祥林嫂"那样总是述说"阿毛"的故事,那只能说明你还没有从痛苦的阴影里走出来,你的哭泣只能提醒人们注意你曾经的无能。但也不要有压力而不及时排遣,若累积在心,稍有不慎就大打出手造成严重的后果。用适当的方式排遣压抑,用节省下来的时间去做你应该做的正事,那就能让你远离"压力风雨"的影响。

(三)大学生认识自我需要注意的问题

在新的环境下,部分学生的成绩有所下滑,表现不如以前并非个人因素所致,而是环境发生了变化,比较对象与以往不同,没必要为此自卑而丧失信心。

同学之间有差距是自然的,因为大家中学时的学习条件和生活经历是不一样的。比如,一些农村学生在进入大学之前没有操作过电脑,不知道条形码是什么,等等。这都与农村的教育条件和生活环境有关,与个人的智力、能力无关,这些学生唯一要做的就是努力地适应新环境,尽快跟上所处环境的步伐,认真分析自己的优势所在,对自己的能力、性格、优缺点做客观的评价,做到有自知之明,扬长避短,并取长补短,不隐藏短处。

不要过分追求完美。追求完美是可以的,但是不要过分追求,认为理想自我与现实自我相差过大,从而对自己提出过高的要求,要形成悦纳自我的积极态度,敢于表露自我,要把自己变成一个适应良好的、富有成效的人,最终方式是使自己透明,允许别人来了解自己,客观地评价自己。很多大学生极力避免表露自己,避免使自己尴尬或者不受尊重。但是,透明的真实的自我,不会一味地因迁就别人而耗费精力。更重要的是,只有通过表露自我,你才能真实地逐步认识自己。

面对严峻的就业形势,为自己职业发展着想,我们有必要按照职业生涯规划理论加强对自身的认识与了解,找出自己感兴趣的领域,确定自己能干的工作也即优势所在,明确切入社会的起点,其中最重要的是明确自我人生目标,即给自我定位。自我定位,规划人生,就是明确"我能干什么?""社会可以提供给我什么机会?""我选择干什么?"等问题,使理想可操作化,为介入社会提供明确方向。

(四)就业意识中自我定位问题

第一,自我认知不清,定位不准

很多大学生找工作的时候常常缺乏定位,只要见到有公司招聘,不管自己适合不适合,都往里投简历。事实上,很多简历都被浪费了,那些公司可能从来不看这些简历,原因在于大学生的自我定位和职业意向与用人单位并不一定吻合。大学生一定要有对自己的一个自我认知、自我分析和自我定位,比如你的志向是什么,你是更擅长跟人打交道还是跟事务打交道,你是否掌握某种专业的技术,你能做什么,你看好什么行业和领域,以及你如何才能进入这个行业。事实上,到某单位应聘的时候,有三个因素影响着你,第一个是你想做什么,第二个是你能做什么,第三个是企业通过了解,认为你能做什么。换言之,能否成功应聘是看自己和别人怎么看你的一种眼光的聚合,当这两种看法比较一致,那么大家的结果就比较理想。很多大学生并没有自己的定位,这就好像一个产品一样,你认为你可以将它卖给所有的企业,最后你可能很难卖出去。

第二,很多大学生不重视第一份工作,初期选择处于混沌状态。

有人说,毕业后找的第一份工作就是养活自己,不是职业,更不是事业,其实这是一个误区。第一份工作对于一个人的职业生涯来说非常重要,除非这个人具备做高级白领和职业经理人的天才或者运气和机遇非常好,否则一个人一旦工作之后,未来将在多大的圈子里面流动,基本上从第一份工作开始画圈。大学生刚刚踏入社会,第一份工作为你带来的是一种职业习惯的养成。因此,大学生选择工作的时候,不能抱着暂时养活自己的心态,也不能说今天干的不是自己的事业,也不是职业,所以先就业才是根本,冷静、谨慎、认真地选择才是根本。

第三,很多大学生不知道如何判断一个工作机会是不是好。

大学生心中都会有一些自己的认识,比如外企好、国企好等,但是一旦遇到合适的机会,大学生又开始犹豫,特别是有多个机会可以选择的时候,常常这山看着那山高,最后导致好机会溜走才后悔莫及。这说明,很多大学生并没有深入地了解职业发展的成功因素,一个人成功的因素包括四个方面,分别是知识结构、技能、思维和社会资本。一个单位先不管背景,但是必须让一个人在这四个方面中的某一个方面或者某几个方面受益才是一个好单位。第一,这个工作是不是有助于你拓宽知识结构,比如你可以在工作中学习到很多自己所不具备的知识;第二,这个工作是不是能够带给你某个细分的职业技能,这个职业技能你本身不具备或者你并没有实践经验,但是通过工作你可以在某个领域成为一个专业人员;第三,这个单位是不是有助于你形成某些思维,包括你看问题的视角,看社会的视角,看世界的视角,而这些视角可能给你带来新的价值;第四,你在这个单位是不是可以获得社会资源,或者提升整合社会资源的能力,比如你可以广泛地结交朋友,认识专家,或者提升自己的社会资本。如果一个单位这四个方面的价值都不能带来,那么这样的单位只能解决吃饭问题,并不能解决职业问题。

第四,大学生的职业心态欠佳。

由于来自社会各个方面的压力,大学生在踏上找工作之途后,很容易陷入迷茫、焦灼的状态,特别是四处碰壁的时候。很多大学生找工作常常遵循这样的规律:第一阶段,非常"高调",估价过高;第二阶段,非常"低调",碰壁之后就开始变得不自信,然后就开始降低期望,或者越来越觉得自己不值钱,甚至洗碗都觉得可以尝试了;第三阶段,开始"跑调",在接连碰壁之后,大学生就乱了阵脚,失去了方向。当然,社会上很多说法也会导致大学生很难适从,比如,认为大学生一定要做白领才好,如北大才子卖肉了等,就觉得不划算了,但是这些人不是也在自己的岗位上做得很好吗?这个问题需要辩证地看,我们不能阻止个人想当领袖的欲望,但是大学生还是要清醒地认识一点,职业是不分贵贱的,既不要对自己期望过高,也不要碰几次壁就失去自我。"心态决定一切",这是职业人生存的关键法则。

(五)如何做好就业中的自我定位

1.明确自身优势

明确自己的能力大小,给自己打打分,看看自己的优势和劣势,这就需要进行自我分析。通过对自己的分析,深入了解自身,根据过去的经验选择,推断未来可能的工作方向与机会,从而彻底解决"我能干什么"的问题。只有从自身实际出发,顺应社会潮流,有的放矢,才能马到成功。要知道个体是不同的,有差异的,我们要找出自己与众不同的地方并发扬光大。定位,就是给自己亮出一个独特的招牌,让自己的才华更好地为招聘单位所识;同时,对自己的认识分析一定要全面、客观、深刻,绝不回避缺点和短处。你的优势,即你所拥有的能力与潜力所在。

2.发现自己的不足

(1)性格的弱点。人无法避免与生俱来的弱点,必须正视,并尽量减少其对自己的影响。譬如,一个独立性强的人会很难与他人默契合作;而一个优柔寡断的人绝对难以担当组织管理者的重任。卡耐基曾说:"人性的弱点并不可怕,关键要有正确的认识,认真对待,尽量寻找弥补、克服的方法,使自我趋于完善。"因此要注意安下心来,多跟别人好好聊聊,尤其是与自己相熟的人,如父母、同学、朋友等。看看别人眼中的你是什么样子,与你的预想是否一致,找出其中的偏差,这将有助于自我提高。

(2)经验与经历中所欠缺的方面。"金无足赤,人无完人",由于自我经历的不同,环境的局限,每个人都无法避免经验上的一些欠缺,特别是招聘单位纷纷打出要求数年工作经验条件的时候。有欠缺并不可怕,怕的是自己还没有认识到或认识到而一味地不懂装懂。正确的态度是认真对待,善于发现,并努力克服和提高。

3.明确选择方向

通过以上自我分析认识,我们要明确自己该选择什么职业方向,即解决"我选择干什么"的问题,这是个人职业生涯规划的核心。职业方向直接决定着一个人的职业发展,职业方向的选择应按照职业生涯规划的"四项基本原则",结合自身实际来确定,即选择自己所爱的原则:你必须对自己选择的职业是热爱的,从内心自发地认识到要"干一行,爱一行",只有热爱它,才可能全身心地投入,做出一番成绩;择己所长的原则:选择自己所擅长的领域,才能发挥自我优势,注意千万别当职业的外行;择世所需的原则:所选职业只有为社会所需要,才有自我发展的保障;择己所利的原则:应该本着"利己、利他、利社会"的原则,选择对自己合适、有发展前景的职业。

4.用长处来经营自己

有的毕业生存在过分的自卑心理,总认为自己技不如人,拿自己的短处与别人的长处去比,因而不敢主动地推销自己。其实每个人都有自己的长处与短处,所谓"尺有所短,寸有所长"。成功人生的诀窍就是经营自己的长处!因此,在人生之旅上,一个人如果站错了位置,用他的短处而不是长处来谋生的话,那后果肯定不会理想的,他可能会在永久的卑微和失意中沉沦。故在选择职业时要注意发挥自己的一技之长。不要过多地考虑这个职业能给你带来多少钱,能不能使你成名,而是应该把最能发挥你个人优势的职业作为首选。因为,你若能发挥自己的特长,钱是可以慢慢积累的;经营自己的长处能给你的人生增值,而经营自己的短处会使你的人生贬值!

总之,职业生涯目标的确定,是个人理想的具体化和可操作化。职业目标的选择并无定式可言,关键是要依据自身实际,适合自身发展。值得注意的是,伴随现代科技与社会进步,个人要随时注意修订职业目标,尽量使自己职业的选择与社会的需求相适应,一定要跟上时代发展的脚步,适应社会需求,才不至于被淘汰出局。

一般来说,大学生在遇到就业压力问题时,应该从以下角度做好自我调整。

第一,注意培养自己良好的性格,增强心理耐受度和抗挫折能力。

第二,建立客观的自我评估系统,调整自己的期望值,对可能遇到的问题做充分的估计。

第三,建立一个支持系统,包括家人、朋友、老师等,遇到问题不要一个人扛着,而要找人倾诉。一方面,可以宣泄情绪,获得力量和支持;另一方面,可以集思广益,把问题看得更清楚,获得更多解决问题的办法。

第四,注重心理健康,学会调控自己的情绪,学习通过放松训练、呼吸冥想等方法缓解自己的焦虑、紧张、不安等负性情绪。

第五,长期压力过大无法缓解或遇到其他心理问题时,应及时找心理医生寻求专业帮助。

第二节　师范生专业认知

一、学前教育

(一)培养目标

本专业旨在培养德智体美全面发展,适应现代社会经济发展,富有仁爱之心,具备良好的文化素养,学前教育专业理论基础坚实、技能扎实并掌握一定的特殊教育、运动与健康教育和早期教育等基本知识与技能,具有创新精神、实践能力、专业发展能力和国际视野,能够在各类保教机构从事保教、研究和管理等方面工作的高素质、融合型幼儿特色教师。

(二)毕业要求

1.师德

(1)师德规范:贯彻党的教育方针,以立德树人为己任,遵守幼儿教师职业道德规范,依法执教;有扎实学识、仁爱之心,能保持平和心态,为人师表。

(2)教育情怀:认同教师工作的意义和专业性,尊重婴幼儿及其之间的差异;富有爱心、责任心,工作细心、耐心,有接纳"特需儿童"之心;做全体儿童身心健康成长的启蒙者和引路人。

2.教学

(1)保教知识:具有一定的文化素养,掌握学前教育专业基本知识和一定的特殊教育、运动与健康教育、早期教育、融合教育及现代信息技术知识;掌握幼儿园教育教学的基本方法和策略。

(2)保教能力:能运用婴幼儿保育与教育知识,科学规划一日生活;具备观察与分析婴幼儿行为的能力,幼儿园活动设计、组织与实施的能力,特殊儿童融合教育能力,运动与健康教育能力,早期教育能力,现代信息技术运用能力,环境创设与利用能力,与家长沟通、互动的能力,教育反思与评价能力及探索与研究能力。

3.育人

(1)班级管理:掌握幼儿园班级管理和特殊教育需要儿童融合教育班级管理的特点。合理规划和利用时间与空间,创设良好班级环境;了解婴幼儿特别是"特需儿童"社会性—情感发展特点和规律,充分利用各种教育资源,为全体儿童建立良好的同伴关系和师幼关系。

(2)综合育人:理解环境育人价值,了解园所文化和一日生活对婴幼儿发展的价值;综合利用幼儿园、家庭和社区各种资源,全面育人;注重培养全体儿童良好意志品质和行为习惯。

4.发展

(1)学会反思:具有终身学习与专业发展的意识与能力,了解国内外学前教育改革发展动态,能够适应时代和教育发展的需求,进行学习和职业生涯规划,初步掌握反思方法和技能,具有一定的创新意识,运用批判性思维方法,学会分析和解决问题。

(2)沟通合作:理解学习共同体的作用,具有团队协作精神,掌握沟通合作能力,具有小组互助和合作学习的能力。

(三)主干(核心)课程

心理学基础、教育学基础、教育研究方法、婴幼儿生理基础、儿童发展(英)、婴幼儿保育、学特殊儿童发展与学习、学前融合教育、美术基础、音乐基础、幼儿体育与健康、幼儿园课程、幼儿园(五大领域)活动设计、就业实习、毕业论文(设计)。

(四)基本学制

基本学制为四年;学习年限为三至六年。

(五)毕业、学位条件

第一,学生符合以下条件,准予毕业:完成规定课程学习,成绩考核合格,所获学分达到最低毕业学分要求;毕业时的体质测试成绩达到教育部颁发的《学生体质健康标准》要求。

第二,学生符合以下条件,授予教育学学士学位:达到毕业条件;在学校规定的学习年限内达到国家学士学位授予条件和学位授予规定。

二、小学教育

(一)培养目标

本专业旨在培养德智体美全面发展,适应现代经济社会发展,了解国内外教育发展动态,熟悉小学教育现状,掌握教育学基本原理和方法,具有良好的职业道德素养、合理的知识结构和较强的专业实践能力,教育理念先进、勇于探索创新,能在小学、教育科研和教育管理部门从事多门学科教学、科研和管理工作的高素质应用型人才。

(二)毕业要求

1. 践行师德

践行社会主义核心价值观,贯彻党的教育方针,以立德树人为己任;遵守法律法规和教师职业道德规范,具有依法执教意识,立志成为有理想信念、有道德情操、有扎实学识、有仁爱之心的好老师。

热爱小学教育事业,具有正确的儿童观、学生观、教师观和教育观;具有"学生为本、师德为先、能力为重、终身学习"的专业理念;具有爱心、耐心、细心等优良品质,能够为人师表,教书育人;做学生锤炼品格、学习知识、创新思维、奉献祖国的引路人。

2. 学会教学

具有一定的人文与科学素养。掌握主教学科的基本知识、基本原理和基本技能,理解学科知识体系基本思想和方法,了解学习科学相关知识;了解兼教学科的相关知识、原理与技能;了解学科整合在小学教育中的价值。

在教育实践中,能够依据所教学科课程标准,针对小学生身心发展和认知特点,运用学科教学知识和信息技术,进行有效教学。

3. 学会育人

树立德育为先理念。了解小学德育原理与方法;掌握班级组织与建设的工作规律和基本方法;能够在班主任工作、少先队活动和社团活动等实践中,开展德育和心理健康教育等教育活动。

了解小学生身心发展和养成教育规律,理解学科育人价值,结合学科教学进行育人活动;了解学校文化建设和教育活动中的育人内涵与方法,参与学校组织的各项教育活动。

4. 学会发展

具有不断提高自身专业素质和教师专业发展的意识。了解基础教育改革发展动态,适应时代和教育发展的需求;具备专业发展必备的认知能力、学习能力和创新能力等,能科学地制定个人专业发展规划并能主动付诸实践;初步掌握反思方法和技能,学会分析和解决教育教学问题。

理解学习共同体的作用,具有团队协作精神,掌握沟通合作技能,具有小组互助和合作学习的体验。

(三)主干(核心)课程

儿童发展(英)、教育心理学、小学课程与教学论、班级管理、小学综合实践活动、高等数学、汉语通论、书写技能、毕业实习、毕业论文(设计)。

(四)基本学制

学制为四年;学习年限为三至六年。

(五)毕业、学位条件

第一,学生符合以下条件,准予毕业:完成规定课程学习,成绩考核合格,所获学分达到毕业最低学分要求;毕业时的体质测试成绩达到教育部颁发的《学生体质健康标准》要求。

第二,学生符合以下条件,授予教育学学士学位:达到毕业条件;在学校规定的学习年限内达到国家学士学位授予条件和学位授予规定。

第四章　师范生职业认同与职业道德

第一节　教师职业认同

一、教师职业认同概述

(一)职业及职业认同感

职业是人们从事相对稳定的、有收入的、专门类别的社会劳动,是一个人社会地位的一般性表现,是个人权利、义务、职责的统一。一种职业区别于另一种职业的根本属性,一般通过职业活动的对象、从业方式等的不同予以体现。职业具有目的性、社会性、稳定性、规范性、群体性特征。

职业认同感是一个心理学概念,是指个体对于所从事职业的目标、社会价值及其他因素的看法,与社会对该职业的评价及期望的一致,即个人对他人或群体的有关职业方面的看法、认识,完全赞同或认可。职业认同感会影响员工的忠诚度、向上力、成就感和事业心。职业认同感一般是在长期从事某种职业活动的过程中,对该职业活动的性质、内容,职业社会价值和个人意义,甚至对职业用语、工作方法、职业习惯与职业环境等都极为熟悉和认可的情况下形成的。职业认同感是人们努力做好本职工作,达成组织目标的心理基础。随着职业的发展及对职业研究的深入,职业认同感的概念也愈来愈朝着社会化、多元化、人性化的持续状态发展,而不再仅仅局限于心理角度。

(二)教师职业认同感

"教师职业认同感是教师作为个人和职业者,对自己所从事的教师工作,受学校内外和教师内外各种因素影响,产生的完全认可的情绪体验或心理感受"。这种认同感不是静止的,而是发展变化的,通过反思和自我评估,自我认同感不断地被自己和他人所重新认识并逐步深入,这个过程伴随着其职业生涯甚至一生。教师的职业认同感是其所授学科、学生和教师本人的结合体。其中对自身的了解比对学科和学生的了解更为重要,因为如果无法理解自己,那就谈不上真正理解学生和要传授的知识。理解自身,即既要理解工作状态下的"教师",又要理解生活中的"教师",如果试图将两者分开,就无法统一地看待教师及教师职业。教师职业认同感具有发展动态性、个人主体性、主观能动性的特征。

(三)加强教师职业认同感的意义

(1)激发职业理想,引发职业行为,成为高超的职业人。教育是一项需要从业者倾心面对的事业,高水平的教师职业认同意味着对职业价值的准确认识,对职业情感的深深依恋,对育人职责的认真履行。如近代名师的教育行为:黄炎培践行农村教育实验,陶行知创办晓庄师范,蔡元培改革北京大学……他们的教育行为源自对教育的价值判断。正是对教育价值的深刻认同、对教学过程的快乐感受、对教师自身价值得到展现时的满足感,让这些教师有了这样的认识、判断和行为,这些都可以归纳为教师的职业认同感。

(2)促进教师专业发展,主动完善自身修养。面对传播知识、彰显德行、完善人生的职业使命,教师自身必须学、德、能兼备,而且还要能随着时代的发展不断更新自己、完善自己。

(3)克服困难,抵抗消极心理,成就长久的职业生涯。一般而言,职业认同水平较高的教师往往抱有良好的职业态度、积极的职业心态,能够潜心感受教育工作的内在乐趣与幸福,体会职业带来的成就感与满足感。能淡化对外在评判与名利的关注,增强对外来压力与诱惑的抵制力,理性地应对各种冲突与矛盾,有效地缓解或预防各类消极情绪及心理问题,这也是成就长久的职业生涯的前提条件。因此,职业认同高的教师会主动把人类发展、为社会服务和完善自我紧密结合。

二、提升教师职业认同感的途径

(一)认识教师职业价值

教师是教育职能的主要实施者,是教育教学职责的专业人员,承担着传播文化、教书育人的重任。自古以来,人们崇尚、尊重、美誉教师,教师的教育价值、社会价值和个体价值一直被人们认同。作为教师,认同教师职业,首先要认识教师职业的教育价值、社会价值和个体价值。

1. 教师的教育价值

教师是国家教育方针的主要贯彻者,是学校教育活动的主要实施者,是教育目的的主要实现者。教师是教育者,是教的活动的主体,是学生学习活动的指导者,是教育活动的影响者。在培养中国特色社会主义事业接班人的伟大工程中,教师居于主导地位,因此,教师应遵循学生身心发展特点,有目的、有计划、有组织地开展教育教学活动,引导学生全面发展。

2. 教师的社会价值

教师对社会发展具有重要影响,在人类社会运行发展中发挥着桥梁和纽带作用,这是教师社会价值所在。教师是社会文化的传承者,连接着过去、现在和未来;教师是社会物质财富和精神财富的建设者,实现着社会物质财富和精神财富的继承和创新;教师是培养社会人才的主要承担者,将人的发展需要和发展可能性通过教育,转化为学生的素质,满足社会发展需要。

3. 教师的个体价值

教师的个体价值是指教师职业对于从业者个体自身的意义和作用,它包括生成价值、发展价值和享用价值。生成价值,是指教师作为从业者,通过专业性的劳动,能够获取足够的劳动报酬,以满足生成需要;发展价值,是指教师在投身教育事业的过程中,吸收文化精髓、汲取科学知识、潜心钻研业务、创新教育技艺,不断充实提升自己,在发展中实现自我价值;享用价值,是指教师在教育教学过程中,自身不断得到完善,在感悟中获得满满的幸福,享受精神追求的快乐。

(二)把握教师职业特点

提升教师职业认同感,要准确把握教师职业的特点。教师职业的特点是人们对教师特殊性的认识和表达,反映社会对教师职业的基本要求。

1.形象的准公共性

教师以培养人为根本职责,承担教书育人的重任。教学过程是教师和学生相互交往的过程,教师的人生观、行为品质、生活态度会对学生产生直接或间接的影响,起到示范作用。教师不是完全的公共性人物,而是社会的代言人,其形象具有准公共性的特点。所以,自古以来,社会对教师职业形象的要求是就高不就低,这是社会对教师职业的基本要求,也是教师职业的重要特征。教师要善于塑造并维护自身的形象,保障提高教育的效能。

2.劳动的复杂性

教师承担的教育任务是多方面的,面对的学生有家庭背景、个性特征、遗传素质的差异,因此,教师的劳动是复杂的。教育过程是教师面对不同学生的需求,处理教师、学生、教学内容和教学方法、手段诸要素矛盾运动的过程,要走好这一过程,教师要在复杂的环境下,开展创造性的劳动。

3.绩效的模糊性

教师教育教学对象的差异性,社会需求的多样性,评价标准的灵活性,学生发展影响因素的不确定性,使得教师的劳动很难进行量化评定。教师要带着一颗责任心投入教育工作,以平常心看待自己的劳动成果,善待每一个学生。

4.价值的深远性

"十年树木,百年树人。"学生的发展状态很难量化,许多方面要等到学生成人后才能得到检验。因此,教师的劳动是面向未来的,教师只有通过长期潜移默化的工作,才能有效地促进学生的成长。教师的劳动是深远的,影响着学生的未来、社会的未来、国家的未来。

(三)扮好教师职业角色

教师在履行职责时所表现出来的行为模式,即教师的职业角色。由于教师工作对象的特殊性,所以教师的职业角色呈现多样化的特点。

1.传道者

教师担当着传播社会道德、价值观念的职责,担当着弘扬社会正能量的使命。虽然社会道德观、价值观呈现多元化的特点,但教师始终是站在主流的道德观和价值观一面。教师的教育教学不能随意,要引导学生树立正确的道德观、价值观,传做人之道。

2.授业者

教师担当着培养社会建设者的重任,培养有本事的人,是教师的职责。所以,教师要精心向学生传授知识、解释疑难、启发智慧。

3.管理者

教师是教育教学活动的组织者、管理者,包括把握政治方向、制定目标、贯彻法律、协调关系、控制评价教育教学活动等。

4. 示范者

教师是学生的标杆,学生具有向师性的特点。教师要以身立教,为人师表,用自己的态度、言行对学生产生潜移默化的影响。

5. 研究者

教师的工作对象是活生生的、千差万别的个体,教师的教学内容和方法只有不断更新,才能满足不断变化着的学生的需要、社会的需要。所以,教师要不断学习、不断研究、不断反思、不断创新。

(四)担当教师职业责任

职业责任就是履行职业活动的义务。教师的职业责任,就是教师在教育教学活动中要履行的义务。教师是否称职,关键看能否履行职业责任。在当下,教师的职业责任就是坚定正确的政治方向,教师育人,即教师根据建设中国特色社会主义事业的需要,培养政治合格、能担当、有本领的社会主义建设者。职业责任一般通过法律和行政规章来规定。我国在不断提升教师社会经济地位的同时,从法律方面规定了教师的权利和义务。《中华人民共和国教师法》第七条规定了教师应享有的六项权利,第八条规定了教师应履行的六项义务。这些权利和义务,在教育教学活动中产生,并由教育法律法规设定,具有法律意义上的权利和义务,始于任职,终于解聘。

(五)推进教师专业发展

教师的专业发展是指教师由非专业人员成长为专业人员的过程,即教师的专业成长或教师内在专业结构不断更新、演进和丰富的过程。教师的专业发展包括教师全体的专业发展和教师个体的专业发展。教师群体的专业发展是指教师职业不断成熟,逐步达到专业标准,并获取相应专业地位的过程。教师群体的专业发展包括教育专业知识和专业能力的系统化、教师职前职后教育的专业化、教师资格认定和管理的制度化、教师活动的团体化等。教师个体的专业发展是指教师通过系统的专业训练和不断的自我学习,成为一名专业人员的过程。包括先进的教师专业理念、系统的教师专业知识、良好的教师专业技能、健康的教师心理人格等。实现教师的专业发展就是一个从普通人到教育者的过程,从专业素养不成熟到成熟的过程。教师专业发展是一个长期的、动态的过程,途径包括职前教育、职后学习、不断反思等。为确保中小学教师队伍的高素质和专业化,教育部于2012年2月10日颁布了《中小学教师专业标准(试行)》。该标准从基本维度、领域和基本要求三个层次明确了一名合格的中小学教师应具备的基本专业要求,它是中小学教师培养、准入、培训、考核以及自我发展的基本依据。

提升教师职业认同感的途径很多,除了上述途径外,学校及相关机构应优化教师专业知识与技能的考核评价体系,建立发展教师评价机制,用动态的发展眼光看待现实的教师表现,调动教师的工作积极性,促进教师的自律内化。在学习培训上要推动教师主动地关注各方面的信息,提供更多机会使教师有动力去更新知识储备、砥砺德行、加强文化修养。要从教师职业认同的主观能动性特点出发,一方面,倡导积极心态,对教师进行积极心理学的相关培训,减少教师的"习得性无助";另一方面,要坚信教师自身内在力量与信念的力量。正如帕克·帕尔默所说:"我们还有另一种选择:我们可以找回对改变工作和生活的内部力量的信念。我们成为教师是因为我们一度相信内心的思想和洞察力至少与围绕我们的外部世界一样真实,一样强大有力。现在我们必须提醒我们自己,内部世界的真实性可以给予我们影响外部客观世界的力量。"

三、教师职业倦怠的表现、成因、对策

职业倦怠概念是由美国临床心理学家费登伯格(Freudenberger)提出的。"职业倦怠"是一种耗竭与疲劳状态,是由于个体不能确立自己的需要而紧张工作造成的。

教师职业倦怠的主要表现有以下几点:

1. 精力不济,缺乏工作热情

工作上疲于应付,不求上进,得过且过,对要求完成的各种任务,能拖就拖,缺乏积极主动性;不热心集体活动,把自己游离于集体之外,集体责任意识淡化,集体荣誉感丧失殆尽。

2. 情绪不稳,懒得搭理学生

无视学生个性差异,对学生多有抱怨,不爱与学生交流,对学生出现的问题,多是指责与批评,缺乏起码的耐心与爱心,最终因缺乏情感交流导致与学生关系僵化,影响正常的教育教学工作。

3. 信心不足,懈于脚踏实地

工作缺乏成就感,遇事希望速成,对工作目标的达成持怀疑态度,不愿持之以恒;缺乏自信心,怀疑自己的工作能力与处事能力,对前途失望,至于生活的理想、事业的追求等都好像是非常遥远的事情。

4. 自以为是,满足已有成绩

从事教育工作多年的教师,特别是在一个学校工作时间较长,自认为工作取得了一些成绩,为学校发展做出了贡献,觉得可以躺在功劳簿上睡觉,厌倦教学研究,无视学校管理,一味要求福利待遇,缺乏对事业的执着追求。

教师的职业倦怠,表现形式很多,远不止以上列举。教师职业倦怠是一种病态心理,它表现在对待工作和日常生活的方方面面。教师职业倦怠的成因主要有:

第一,长期从事教育教学工作,使得这份极富创造性的工作渐渐演变成了一种机械的重复劳动,但工作的对象决定了并非如此,于是产生了疲倦。

第二,教师的职业决定了社会对教师的高期望值,认为教师应该是一个方方面面都非常优秀的人:具有丰富的文化知识和高尚的人格品德,要有完备的心理学知识和教育学知识,大到天文地理,小到生活琐碎,教师都应该悉数尽知。这些无疑给教师增加了很大的压力。

第三,随着学校安全管理工作的加强,以及家长对子女期望值的增加,教师的社会责任实际已经扩大,导致了教师工作如履薄冰,高度疲倦,教师身心高负荷运转。

第四,现行教育体制对教师的个人评价,使得教师个体竞争异常激烈:从教育教学质量到教科研成果,从职称评定到评优加薪,从内部工作认可到外界评先表模,都增加了教师的心理压力。

第五,国家对教育工作的重视程度,与教师个体所享受到的待遇还存在一定的落差,

教师劳动的特殊性及较大的劳动强度与教师的待遇也不对等,教师心理存在不平衡。

第六,随着独生子女的增多和农村留守儿童问题的凸显,现在的学生性格差异较大,且表现出一些出乎常态的言行举止,加之一些新思潮的影响和一些社会因素,当代学生对教师的尊重较之以前大打折扣,这些不仅给教育工作增加了难度,而且也造成了教师自身心理的不平衡。

教师职业倦怠的缓解对策:

1.教师自身要调整好心态

重新认识教育工作的特殊性,重视学生的个体差异。教育工作的对象是学生,我们必须适应新形势下的教育工作的变化,对学生倾注满腔的热情和关爱,只有对我们所承担的工作充满热爱,才会焕发对工作的无限激情。

2.尝试增强教师的职业幸福感

尝试做以下一些工作:通过校园网站或校内文化宣传(如印制美文册),每周至少为教师推荐一篇生活美文、教学心得、教师人生感悟等文章供教师阅读,共享娱悦或成功感受;多种渠道完善学校校友通信录,力争全方位重新恢复已有的师生关系,以期建立长期的密切联系,唤起教师的成就感;健全教师激励机制,多角度、全方位对教师的成绩予以认可和表彰(如表彰"感动××年度人物""年度十佳教师""我最喜爱的教师""我最崇拜的教师""最受追捧(人气高)的教师""教学科研先进个人""慈父(母)班主任"等)。在特定的场合、特殊的日子里,多方式、多级别地对教师予以表彰。

3.倡导教师经常读书,终身学习

一方面,教师的职业要求教师要不断学习,终身学习,如教育新理念、教学新方法、学生新特点、生活新思潮等;另一方面,通过学习,可以陶冶性情,开阔胸襟,拓宽视野。学习的内容非常多:阅读生活短文,分享别人对生活的感悟;了解国家大事,知晓有关教育改革的新动向;学习别人的研究成果,站到教学教研最前沿;阅读医学、地理、生活常识,安排好自己的日常生活等。

4.强化教学研究,提高教育教学质量

教师的职业倦怠部分源自教师的一种自我满足、教学研究成功感体验的或缺、对课堂教学高效激情缺乏持续体验等,强化教学研究,优化课堂教学,有利于我们自我展示有趣高效的课堂,提高教学质量,增加教学成功体验。同时,也能为我们总结教育教学成果提供丰富素材。

5.关心教师生活,充分感受集体温暖

学校领导要做有心人,对教师工作和生活中遇到的问题要主动参与,力争给予帮助,同时积极倡导教师群体互帮互爱,积极营造一个和谐温馨的工作环境。

6.明确工作职责,规范劳动纪律

对于教师工作的懒散情绪,我们要从责任上加以强化,从纪律上加以约束,对于本职工作不能想做就做,不想做就不做,要完成一个教师应该完成的工作。

第二节 教师职业道德

一、教师职业道德的特点和功能

教师职业道德是教师在职业活动中,调节和处理各种关系应遵循的行为规范和行为准则,以及在调节和处理各种关系中所表现出来的意识观念和行为准则。教师职业道德与教师职业密切相关,来自教师行业劳动本身,不仅要求教师在职业劳动中遵守行为规范和行为准则,而且要求教师不断内化和实践规范和准则的要求,形成稳定的观念意识和行为品质。

(一)教师职业道德特点

教师职业劳动不同于其他职业,其职业道德有以下特点:

(1)教师职业道德适用的针对性。教师职业道德是对教育善恶的体现,具有专门适用性,这是教师职业道德的基本特点。

(2)教师职业道德的双重性。教书育人是教师的根本任务,教师职业道德的一切要求都围绕这一根本任务展开。在教师职业道德中,自古以来育人是教师的目的。教师既要教给学生具体的知识,又要培养学生立身处世的品德,具有双重性的要求。

(3)教师职业道德功能的多样性。教师职业道德包括理想、态度、情感、素质、技能、荣誉等内容,其功能是多样的,它不仅衡量教师职业行为的善恶及职业能力的高低,而且要求教师在职业活动中对各种关系和矛盾加以协调解决,不断促进教师各方面能力的提升。

(4)教师职业道德意识的自觉性。社会和他人对教师职业道德的要求在整个社会道德体系中处于较高水平层次,这就要求教师在职业道德意识上要有更高的自觉性,要求教师自觉地遵守行为规范和行为准则。

(5)教师职业道德行为的示范性。教师职业道德对教师提出规范要求外,对学生也是教育手段,对其他社会成员也具有教育价值。教师要为人师表,不仅是学生的标杆,他的行为对社会其他成员也有示范作用。

(6)教师职业道德标准的严格性。教师传道授业,教师是人类灵魂的工程师,教师职业道德的标准和要求比其他职业道德高,且要求严。教师不仅要用渊博的知识教人,而且要用高尚的品德感化人;不仅要言传,而且要身教。

(7)教师职业道德影响的广泛性。教师职业道德不仅影响学生,而且通过学生和家长影响社会,是社会道德建设的推行者,影响千家万户,影响千秋万代。

(8)教师职业道德内容的时代性。教师职业道德有自己的发展历史和独特内容,体现文明进步的智慧。教师职业道德的内容在继承优秀文化传统和优秀师德遗产的同时,不断充实时代内容,反映时代要求,具有与时俱进的品质。

(二)教师职业道德功能

教师职业道德的功能主要有以下几个方面:

1.动力功能

教师职业道德是社会对教师职业高层次的道德要求,也是教师为人师表应有的职业行为,它能够激发教师的积极性、主动性和创造性,使教师不断地自我修养、自我完善、自我发展,激励教师自觉地做好教师工作。教师职业道德动力功能有三种实现方式:一是社会通过评价激励、榜样示范等方式塑造理想的教师职业人格,通过社会舆论,每一个教师在职业劳动中向往追求,努力锻就高尚的职业品格。二是教师职业道德规范自觉地被教师理解和掌握后,可以成为教师自我约束的动力系统。三是教师在教书育人的工作中,不断认识体验职业道德规范,内化提升教师的品格,使它成为无限的精神力量,引领教师、学生、家长和社会正能量的精神追求。

2.调节功能

所谓调节功能,是教师职业道德通过教育、评价、沟通等途径,指导和纠正教师个人与他人、个人与社会交往关系中的行为,协调教育过程中各种关系,解决各种矛盾,选择正确职业行为,激发教师的积极性和创造性,使教师顺利完成教育教学任务。这种调节包括外部调节和内部调节两种。外部调节主要借助于师德规范的外部要求,借助于社会舆论和风俗习惯的调节手段来进行。内部调节主要是靠教师内心信念和道德良心来进行。

当下社会,教师面临着行为取向上的义利冲突、行为表现上的角色冲突、行为动机上的心理冲突,教师职业道德能使教师正确地调节各种关系,处理各种矛盾,选择正确的教育行为,确保教师工作正常进行。

3.教育评价功能

通过教师职业道德原则和规范、范畴的学习和引导,运用说理感化、评价、激励、榜样示范来教育教师正确认识和对待自己所从事的职业,正确认识自己,善待他人,正确认识职业行为的责任和义务,以此形成教师的道德信念、风范和道德判断能力,支配自己的行为,塑造教师的人格,从而提高教师的精神境界和师德水平,强化教师的责任感和事业心。

教师的职业道德是社会为培养与之相适应的人才而对教师工作提出的道德要求,这些道德要求不仅是社会评价教师职业的要求,也是社会、学校以及教师自己对教师工作的社会价值判断准则。因此教师职业道德对教师职业行为具有评价功能。

4.示范功能

古往今来,教师一直是社会道德的典范,是社会文明进步的推进者。教师职业道德是一般社会道德在教师职业中的特殊体现。教师职业道德的示范功能主要表现在:第一,通过学生(社会公民)传播社会道德文明;第二,通过教师自身影响社会道德,树立良好社会风气;第三,通过教师家庭生活和社会生活,促进社会良好人际关系的建立和发展。

二、教师职业道德的范畴与原则

(一)教师职业道德的范畴

教师职业道德范畴从广义上讲,是指反映和概括教师职业道德现象的特征、方面、关系本质的基本概念;从狭义上讲,是指反映教师个人与社会、教师个人与他人之间最本质、最主要、最普遍的道德关系的概念,包括义务、良心、公正、荣誉、威信等。

1. 教师义务(责任)

教师义务是教师的一种社会属性,包括"一般道德义务"和"教育道德义务"两个方面。作为普通道德生活的主体,教师要履行社会一般的道德义务;作为教师特定职业生活的主体,教师要遵守教育本身的道德义务。教师劳动的特点决定了教师必须比一般人更严格地履行一般的道德义务,同时要更严格地履行教育道德义务。教师义务既是社会、教师集体用以调节教师行为的手段,也是从教师个人自身的责任、良心和荣誉的角度出发,调节教师教育行为的手段。《中华人民共和国教师法》规定了教师的六条义务,核心内容就是要坚定正确的政治方向,不断提高思想政治觉悟和教育教学业务水平,尽职尽责,教书育人,落实并践行教育公正与教育仁慈。

2. 教师良心

教师的职业良心是通过教师在教育教学实践中对自身所承担义务的正确认识和深刻体验而逐步形成的,也是外部的义务要求内化为教师内心的道德要求和个人品质的结果。如果说教师职业的义务本身是一种客观的社会使命,那么教师的职业良心就可以说是一种被教师自觉意识到并隐藏于内心深处的使命感。教师职业良心的一个重要方面是道德责任感,对一个教师来说,如果道德要求没有被内化、接受,他是无法正确履行道德义务的。也就是说,教师的职业良心取决于教师自己在教育实践中的自我修养和自我教育。

良心是心灵圣殿中的道德统治者,没有坚强意志的支持,良心就不可能发挥作用。几千年来,教师在人们眼里永远是谦谦君子的形象,这就要求教师在教育中不但要保持较高的道德水平,而且在社会公共生活和私人生活中要"为人师表",至少要做到在公德和私德上无可厚非。日常社会生活中,人们心目中的教师往往被定格为道德的化身——"学为人师,行为世范""人类灵魂的工程师"。教师的职业良心其实是在社会的道德规范、公众的期望、教师的自我约束、自我调节中形成和发展的。

教师的职业良心可以调控指引教师的行为。教师的一系列专业精神,如服务精神、奉献精神、敬业精神等,既是社会对教师提出的要求,也是教师专业生活的真实写照。正是因为教师具备这些专业精神,人们才把教师看成有高尚人格的群体。因此,教师的职业良心便成了调控教师行为的调节器。教师在教育过程中,当意识到自己的某些不当行为可能伤害学生自尊心、可能影响学生的个性发展、可能损害学校的荣誉时,教师的职业良心会及时发出指令:"我不该这样做",由此避免出现不良后果。应该说,教师的职业良心实质上是一种"道德自律",是存在于教师内心的一种自我约束的道德信念和要求。教师的职业良心可以评判教师的行为。教师完成一项工作之后,往往会在心里做一番自我评价,当教师意识到自己的行为损害了学生的利益,学生的不利处境是因自己的不良行为造成的,教师就会感到内疚和惭愧,受到良心的谴责。正是这种良心的谴责完善着教师的道德素养。因此,人们常常把良心形象地比喻为"内心道德法庭"。教师的职业良心成为教师道德思想和道德情操的极其重要的精神支柱。

教师的职业良心是教师道德觉悟的综合表现,是教师道德的灵魂。

3. 教师公正

教师公正即教师的教育公正,是指教师在教育和教学过程中,公平合理地对待和评价每一个学生。教师公正是教师职业道德素养水平的标志。教师公正的核心是对学生的公平。教师公正具有教育性、正当的灵活性、主体的自觉性特点。教育性主要有两条：一是他的公正行为的教育示范性；二是他的公正调整的人际关系主要是师生关系或以师生关系为基础，体现在自己的教育活动之中的。教育劳动的特点之一是教育主体与教育手段的同一性。教师如果不能在自己的周围建立起公正的人际关系，尤其是在师生关系中缺乏公正的内容，就是在行不公正的身教。正当的灵活性是说教师公正具有相当大的灵活性，着眼于实际或实质意义上的公正而不完全拘泥于形式上的公正。这一点实际上也可以算作教师公正的教育性的一部分。比如同样都给了五分，对于一些通过努力已经进步到接近五分水平的同学来说，一方面由于他实际上还没有做到100%或与最好的同学一样好，给他五分似乎不公正；但另一方面，正是这样的五分使他看到了学习的进步和希望，实质上教师在这里并非对他实行了不公正的偏爱。又比如，对于同一种错误的批评，有时候教师对优等生的批评甚至会比对后进生的批评还要严厉。这是因为在一定条件下，后进生更需要对其自尊的爱护和策略的批评，而优等生则更需要使之猛醒的棒喝。这些形式上的不公正实质上却是正当的、公正的。因为实际上教师对这两类学生的爱是完全相同的，不同的仅仅是教师根据其对学生的了解和教育规律所采取的具体措施的差异。主体的自觉性是指教师对自己职业道德及其重要性的自觉了解和把握。与其他职业劳动者相比，教师在进入岗位之前和之后，都会有较高的职业道德的自觉意识和修养的动力。教师的职业道德自觉意识的内涵中当然也包括教师对教育公正的原则的自觉意识。

教师公正有利于形成良好的教育教学环境，保证教育任务的顺利完成；有利于调动每个学生的学习积极性；有利于教师威信的形成；有利于给学生的道德心灵形成良好影响。

4.教师荣誉

教师荣誉即社会对教师的道德行为的价值所做出的公认的客观评价和教师对自己行为价值的自我意识。

教师荣誉是推动教师履行教师职业道德义务的巨大的精神力量，在教师的职业活动中，正确的荣誉观具有非常重要的作用。首先，教师荣誉是教师道德行为的调节器，对教师的道德行为、品质取向具有导向和制约作用；其次，教师荣誉是激励和推动教师积极进取，努力工作，更好地履行教师义务的助推器；最后，教师荣誉是促进教师自身道德发展和完善，形成良好师德风尚的重要精神条件。提升教师职业荣誉感，一方面需要政府和社会把尊师重教落到实处，切实提高教师的经济、政治、社会地位；另一方面需要教师正确对待和积极争取荣誉。教师荣誉是一个历史范畴，在不同的时代有着不同的社会内容和表达方式。在社会主义社会里，教师荣誉从精神层面讲，主要体现在光荣的角色称号、无私的职业特性、崇高的人格形象三个方面。

(二)教师职业道德的原则

教师职业道德的基本原则是指教师在职业活动中正确处理各种活动及利益关系的基本准则，是社会对教师职业行为提出的最根本的道德要求。教师职业道德基本原则是教师道德理论和实践的概括总结，是引导教师道德行为的总风向，是区别于其他类型职业道德的标志。教师职业道德的基本原则有：

（1）忠诚党和人民的教育事业。教师要坚持正确的政治方向，坚持党的领导，坚持社会主义教育理念，紧跟时代潮流，为培养中国特色社会主义事业的接班人而努力工作。

（2）集体主义教育原则。教师应坚持集体主义原则，正确处理好集体和个人之间的关系，当个人利益与集体利益发生矛盾时，坚持集体利益在前，必要时牺牲个人利益，服从集体利益。

（3）人道主义原则。教育的主体和对象是人，人是教育的核心和旨归。教师在教育中必须坚持尊重人、关怀人，致力于人的不断发展和完善。教育要把人当人看，在使人成为人的过程中，实现教育者自身的成人。

（4）教书育人原则。教书育人是教师工作的基本内容，教师要时时刻刻把握教书育人的原则，努力提高教书育人的能力和水平，在教育教学过程中按规律育人，全面实施素质教育。

（5）乐教勤业原则。乐教勤业是教师做好教育工作的前提条件。乐教才能勤业、敬业，勤业又能强化乐教。教师应带着享受与快乐的心态从事自己的工作，调动自己的主观意愿，全身心地投入教育工作，在教育工作中不断总结反思，推动自身全面发展。

（6）人格示范原则。教师担负着培养人的职责，教师既要言教又要身教，要通过自身高尚的人格力量给学生以良好的榜样示范。教师在教育实践中要不断锤炼道德人格，不断进行自我教育，强化举止修养，把内在素质与外化行为有机地统一起来。

（7）依法执教原则。教师要提高自己的法律意识，按照国家的法律制度进行教育教学活动，廉洁从教，尊重并不侵犯学生的合法权益，如人身权、人格尊严权、教育权、隐私权等。

三、教师职业行为与道德修养

韩愈在《师说》中写道："师者，传道授业解惑也。"对教师这一职业给予了很高的评价。从《师说》的表述中可以看出，教师是传播做人的道理，传授学科知识和从业技能，帮助受教育者解决思想、生活中困惑和烦恼的专业人员。从社会学的视角讲，教师应该是一种社会角色，教师职业应是个人在一定系统内的身份、地位、职务及相应的行为模式；教师在教育教学系统中，应作为传承人类社会文化科学发展中的中介和纽带，对受教育者的心灵施加特殊影响的专业人员。从专业特性上讲，教师属于经过专业教育和训练，具有较高深和独特的专业知识与技术，并按照一定专业标准进行专门化的活动，从而解决人生和社会问题，促进社会进步，同时获得相应报酬待遇和社会地位的专门职业人员。

（一）教师职业行为

教师的职业行为是指教师在教育教学活动中涉及的各种行为，内容涵盖课堂教学、课外跟踪辅导、教学研究交流、教育教学评价、言谈仪表仪态、人际交往合作等。教师职业行为规范就是针对上述内容，对教师的职业行为提出的切实可行的具体要求。《中小学教师职业道德规范（2008年修订）》将教师的职业道德理念和教学活动准则融为一体，规定了教师的职业行为，体现了对教师职业道德和职业行为的要求。各地教育行政主管部门也规定了教师的职业行为，对教师在教育教学活动和日常生活中应该做什么和不应该做什么具有明确的指导性和约束性。教师面对学生、家长、同事,始终在复杂的人际关系中进行劳动,处理好各种关系尤为重要。

1. **师生关系**

师生关系是教师教育教学工作中的核心关系。良好的师生关系是教师职业道德的体现和验证,只要建立良好的师生关系,才能真正实现教师与学生的心灵沟通,促进学生身心健康发展,促进教师职业道德发展。处理教师与学生关系的行为准则主要有:第一,爱。爱学生是教师处理与学生关系的根本出发点。没有对学生的爱,教师的行为就没有道德可言。面对学生,教师的爱是无差别的,不论学生智力背景、学习成绩、家庭背景如何,教师都要一视同仁地爱。教师对学生的爱是无条件的。第二,尊重。尊重是对师生平等地位的认可,尊重学生,是教师建立平等师生关系的表现。只有尊重,教师的爱才是真实可实现的。学生只有感受到爱,才能主动地接受教师的教育。第三,责任。学生的成长需要在教育教学活动中实现。教师要担负起教育教学的责任,严格要求自己,严格要求学生,使自己的行为和学生的行为都符合教育教学的要求。第四,公平公正。教师的教育教学行为公平公正,是每一个学生得到教师平等爱的保证。教师要平等地对待每一位学生,公正地处理教育教学活动中的关系,面向每一个学生实施无差别的爱。第五,保护杜绝伤害。学生的可塑性强,且应对生活的能力和经验不足。教师对学生的各方面都要保护,杜绝一切有害、有碍学生成长的行为,特别是体罚和变相体罚行为。

2. **教师与教师群体关系**

教师与教师群体的关系是教师职业活动中的重要的人际关系。教师教育教学工作的开展,离不开教师之间的对话、沟通、协作。通过教师之间的互动,分享教育教学经验,实现相互支持、相互学习,减少不协调、孤立,甚至盲目的行为。教师要协调好同一年级和不同年级、同一学科和不同学科、不同年龄之间的关系,实现培养人才的共同目标。处理教师与教师群体之间的关系,应遵循尊重、理解的准则。学校的每一个工作人员地位是平等的,都是应当被尊重的对象;在开展教育教学工作时,有时会产生这样那样的矛盾,理解矛盾,避免冲突,需要相互理解。

3. **教师与家长之间的关系**

家庭是影响学生成长的重要因素,孩子的成才、成人离不开家庭教育,教师只有与家长合作,实现家校协调,才能最大化地发挥学校教育、家庭教育的作用。教师与家长了解的学生的信息是不对等的,教师了解的是学校中的情况,家长了解的是家里和校外的情况。如果缺乏参与、互通、监督,就会导致信息不对称,有碍于教育教学活动的开展,影响学生的成长。教师与家长之间的关系应遵循平等、尊重、及时的原则。教师与家长的目标一样,都是为了搞好孩子的教育,应建立信任、支持、平等的关系,这样沟通才能进行,合力才能形成。在教师与家长的关系中,教师居于主导地位,但家长与教师的人格是平等的,教师要尊重家长的人格,特别是尊重社会地位低的、后进生的家长的人格,教师不要向家长告状,反映问题要客观公正,不能当众训斥家长,不能有侮辱学生家长人格的言行,否则会造成教师与家长的对立,不能实现教育的高效能。教育要有服务意识,教师应该主动听取家长的意见和建议,及时通报学生在学校的思想、学习、行为状况,定期访谈,召开家长会,使沟通成为一种习惯。

4.教师与教辅管理人员的关系

教育教学活动的开展,离不开教辅人员、管理者的支持与配合,教师处理好这一关系,有利于教育教学工作的顺利开展,有利于学校各项工作的顺利推进。教师与教辅人员、管理者承担的职责不同,思考问题的角度不同,容易产生不协调、矛盾冲突,甚至隔阂。教师更多地考虑学生的问题、学生的利益,教辅人员、管理者更多地考虑上级教育行政部门的问题,更多地考虑全校的整体问题。对教师而言,视角要宽,不仅要爱自己的学生,爱自己的班级,更要关爱自己的学校,关心学校的发展,体现主人翁的精神,为学校的发展建言献策。教师与教辅人员、管理者之间应遵循尊重、支持的原则,教师应尊重教辅人员、管理者,依据职责开展教育管理活动,主动承担教育管理者布置的教育教学任务,理解并支持教辅人员、管理者开展的教育教学管理工作。

(二)教师职业道德修养

教师职业道德修养是将教师职业道德要求转化为自己的信念并付诸行动,是教师自我教育、自我锻炼、自我陶冶的过程。教师职业道德修养是培养教师职业道德的首要环节,也是加强教师职业道德建设的要求。教师职业道德修养包括道德意识修养和道德行为修养两方面六大内容。

(1)崇高的职业道德理想。教师要把职业选择与社会需求结合起来,正确看待社会地位和待遇,正确理解苦与乐,处理好自身专业发展与教书育人的关系。这样才能拥有崇高的职业道德理想,忠于党和人民的教育事业。

(2)正确的职业道德知识。正确的职业道德知识是职业道德修养的基础。有了正确的职业道德知识,才能产生职业道德情感,导向正确的职业道德行为。有的教师之所以产生违反职业道德的不良行为,其原因之一,就是缺乏对教师职业道德的认识,缺乏起码的教师职业道德的评价和选择能力。加强教师职业道德修养,首要的是教师要学习职业道德理论、原则和规范的基本知识,这样才能有正确的意识和行动。

(3)真诚的职业道德情感。职业道德情感是职业者对现实生活中职业道德关系和职业道德行为的好恶情绪,只有培养起真诚的职业道德情感,才会从内心热爱自己所从事的职业,钻研业务,尽心尽职地做好本职工作。教师真诚的职业道德情感,需要良好职业认同感、职业正义感、职业义务感、职业良心感、职业幸福感支撑,只有这样的支撑,教师才能对高尚的职业活动产生敬仰和尊重之情。

(4)坚强的职业道德意志。职业道德意志是职业者在履行职业义务的过程中,所表现出来的克服困难和障碍的能力和毅力。它是职业道德观念内化为职业道德品质的重要因素,也是职业者职业道德行为持之以恒的精神力量。教师职业道德素质的高低,取决于教师职业道德意志的强弱。教师要在实践中磨炼坚强的职业道德意志,用坚强的意志控制自己的道德情感和行为,真诚有效地做好教书育人工作。

(5)坚定的职业道德信念。职业道德信念是职业道德修养的核心。教师职业道德信念是教师对教师职业的坚定信仰,是把教师职业道德认识转化为坚定行为的内驱力,是教师甘为人梯、奉献自己不动摇的凝固剂。教师拥有了职业道德信念,就能持之以恒、始终不渝地遵守职业道德规则,履行自己的职业义务,评价矫正自己的职业行为。

(6)良好的职业道德行为习惯。职业道德行为最大的特点就是自觉性和习惯性。被迫的行为即使有好的效果，也不是道德的行为，真正的道德行为具有自觉习惯性。教师职业道德修养的终极目标是养成自觉的职业道德行为习惯，使教师在没有任何监督的情况下长期自觉地按照职业道德原则劳动，选择善的职业道德行为，避免杜绝恶的职业道德行为。善的教师职业道德行为，是长期的、一以贯之的、自然而然的、习以为常的行为，是教师职业道德修养的最高境界。

第三节 教师职业道德规范

一、爱国守法

爱国守法是教师职业的基本要求，是教师做好本职工作的支撑。倡导"爱国守法"就是要求教师热爱祖国、遵纪守法。爱国是中华民族的优良传统，是中国各族人民道德品质的重要特征，是一个国家生存和发展的精神支柱。

热爱自己的祖国是每个公民的义务，也是每个教师的神圣职责和义务。爱国就是对祖国要有浓厚的深情，自觉恪守爱国主义的伦理道德，在实践中科学理性地践行爱国行为。

守法要求教师依法执教。守法是《宪法》所规定的所有社会组织、国家机关和公民的基本义务，是指守法主体以法律为自己的行为准则，依照法律行使权利、履行义务的活动。教师职业的示范性，要求教师成为守法的楷模，对受教育者的行为产生潜移默化的影响。教师要有依法执教的意识，要正确处理教育法律法规与教育规律的关系，在实践中自觉维护教育法律法规的权威。

作为一名教师，要把热爱祖国作为自己的神圣职责，自觉遵守教育法律法规，依法履行教师权利职责，用法律来规范自己的行为，不做法律禁止的事情。

二、爱岗敬业

爱岗敬业是教师职业的本质要求。当下社会，学者将爱岗敬业分为三个层次：敬畏职业、热爱职业、忠诚职业。敬畏职业，一是敬，二是畏，因为敬而畏。教师对职业怀有敬畏之心，其动机在于教师个体首先将职业视作自己生活的来源，这体现的是教师职业的一般特征。教师对职业的敬畏之心，来自教师的职业良心，来自教师对社会责任和义务的自觉意识，表现在工作中是教师对教育责任和各种规则的高度认同和自觉遵守。热爱职业是教师爱岗敬业的第二个层次。教师对职业的爱，引导教师自发地在工作中寻求自己"至善"的欲望，做最好的老师。如果说敬畏职业的基础是基于良好生存状态的需求，那么热爱职业则是基于对人生幸福的追求，在工作中获得快乐的感受。忠诚职业是爱岗敬业的最高境界。教师的"忠诚"就是全心全意地对待自己所从事的教育教学工作，献身于教育事业，献身于一切学生。

倡导"爱岗敬业"就是要求教师对教育事业具有强烈的责任感和深厚的感情。没有责任感就办不好教育，没有感情就做不好教育工作。教师要始终牢记自己的神圣职责，志存高远，并在深刻的社会变革和丰富的教育实践中履行自己的光荣职责。从"职业"到"事业"，是优秀教师的必经之路。这其中最重要的就是对教育事业的忠诚热爱，有了这样的支撑,教师就能对自己的选择无怨无悔,忠诚地履行教书育人的道德义务。

三、关爱学生

关爱学生是师德的灵魂。"关爱学生"就是要求教师有热爱学生、诲人不倦的情感和爱心。亲其师,信其道。没有爱,就没有教育。这是调节教师与学生关系的基本行为准则。对学生的爱源于教师对职责的敬畏,源于教师对教育本质的认知和尊崇。教师对学生的爱是教师在从事教育职业的过程中产生的,基于职责,没有杂念,严慈相济,既关注全体学生的成长,更关注每一个学生的身心健康。关爱学生的最高法则是尊重学生,这是社会伦理道德的要求,也是打开学生心扉的钥匙和塑造学生健康人格的必然途径。教师对学生的尊重首先要建立在平等的基础上,没有平等也就没有尊重。学生年龄小,知识水平、生活经历不及教师。教师要懂得在人格上学生与自己是平等的。现实生活中,一些教师不关心学生的感受,有时甚至不论对错,不高兴就狠狠地训斥学生,甚至讽刺、挖苦、侮辱学生;或者高高在上,以权威自居,不愿听学生的意见和建议。关爱学生,在教育教学过程中要做到严慈相济,做学生的良师益友。禁止教师对学生有任何形式的体罚行为,但并不是不要求教师对学生严格要求。严师出高徒,教师在教育教学过程中,对学生要严而有度,严而有方,严而有细,严而有恒。因此,教师要关心爱护全体学生,尊重学生人格,平等公正对待学生。对学生严慈相济,做学生的良师益友。保护学生安全,关心学生健康,维护学生权益。不讽刺、挖苦、歧视学生,不体罚或变相体罚学生。

四、教书育人

教书育人是教师最核心的职责与任务,是教师的天职。教书是育人的主要手段,育人是教书的根本宗旨,二者相辅相成,辩证统一。倡导"教书育人"就是要求教师以育人为根本任务。"教书"不等于"育人",会教书不等于会育人。既教书又育人,这才是一个优秀教师的责任和使命。我国古代的教育家从传道、授业的角度,将教师分为经师和人师两种,"经师易得,人师难求"。所谓经师,指能严格严谨地对待教育教学工作,具有深厚的专业功底、独特的教学艺术和风格、出色的教学效果的名师。所谓人师,是指以自己的道德人格、学识情趣给学生潜移默化的影响,让学生终身受益。经师重在教书,人师重在育人,教师要实现从经师向人师的转换,只有这样,教书育人才能成为我们心灵的寄托,教师才无愧于"人类灵魂工程师"的称号。无论是教书还是育人,都要做到因材施教,教师要充分了解学生,尊重学生的差异,营造良好的环境,做好教书育人的工作。要遵循教育规律,实施素质教育。循循善诱,诲人不倦,培养学生良好品行,激发学生创新精神,促进学生全面发展。

五、为人师表

"为人师表"就是要求教师言传身教,以身立教,这是教师职业的内在要求。"为人师表"对教师工作具有特别重要的意义,有着丰富多彩的实践蕴含。我国传统的教师职业精神始终高扬"学高为师,身正为范"的旗帜;而体现现代人类智慧精华的教师职业精神则集中体现对民主、科学、智慧和道德的崇尚,对质量、发展、创新的追求等。教师为人师表的本质要求,在于"言传"和"身教"结合,以身作则。身教的重要并不排除言教的作用。言传是教师产生教育影响的基本形式和方法,言,是人的思想、观念、知识、智慧的载体;传,是基本特定的交流、教育方式。为人师表的老师应当理解言传的意义,让所传之言成为真、善、美的载体,具有正确性、先进性、高尚性。和言传相比,身教在教育实践中有着"言传"无法比拟与取代的优势和特点。身教的优势在于以身垂范,直观性强,感召力大。身教的逻辑在于己正正人、上行下效、由近及远。身教的特殊教育作用,为古今中外的教育大家所认同并成功地运用于教育实践。陶行知先生的教育理念之一就是:"要学生做的事,教职员躬亲共做;要学生学的知识,教职员要躬亲共学;要学生守的规则,教职员要躬亲共守。"教育部对教师提出的为人师表的师德要求是:"坚守高尚情操,知荣明耻,严于立己,以身作则。衣着得体,语言规范,举止文明。关心集体,团结协作,尊重同事,尊重家长。作风正派,廉洁奉公。"概括地说,就是要求教师保持情操和行为的高度统一,做公德模范,在品德、举止、学问上做学生以及一切社会公民的模范。教师的为人师表与日常的教育教学琐事结合在一起,在平凡的工作中显现不平凡,将自己塑造成道德素质卓著的社会人物,在以身立教的长期实践中,锻铸理想人格。

六、终身学习

终身学习是教师专业发展不竭的动力。

终身学习是时代发展的要求,也是教师职业特点所决定的。教师必须树立终身学习理念,拓宽知识视野,更新知识结构。潜心钻研业务,勇于探索创新,不断提高专业素养和教育教学水平。倡导"终身学习"就是要求教师做终身学习的表率。

终身学习的基本含义是:处于现代社会的人,学习是不能一次完成的,需要接受终身教育,终身不断学习。教师是人类永恒的职业,但社会对教师的选择条件不是永恒不变的,随着时代的发展,社会对教师的素质要求也愈来愈高。所以终身学习的意识和能力既是社会发展对人的要求,也是教育变革对教师职业角色提出的要求。教师是一种职业,也是一种专业,是专业职业。从教师专业职业的角度来说,教师职业生涯发展的基本目标是让自己成为一名专家型教师。专家型教师要具备三个基本特征:一是非常关注具体情境,具有多元的思维应变方法,能创造性地、卓有成效地解决各种突发的教育教学事件,能够在教育教学中发现普遍的规律,能够加以提炼和反复运用。二是非常关注教学策略,在计划、施教和评估方面有自己的理念和标准,教学计划以学生为中心,关注学生自我评价、师生合作评价,与学生家长共成长。三是具有完善的自我发展、终身学习的动力系统,在终身学习中提升成就感,追求职业幸福。教师专业成长的过程,是一个终身学习、实践、创新和再学习、再实践、再创新的过程。其中,反思、合作、共生的意识能力是培养终身学习、实现专业发展的必由之路。终身学习是教师的自主行为,不是外在的强迫。终身学习应贯穿于教师职业生涯的各个阶段,并最终获得职业成就。终身学习是日常化、全方位的,并渗透在教师教育教学工作的每一方面。终身学习使教师达到较高专业水准是完全可能的,每一个教师都具有专业发展的无限潜能。

终身学习、开拓创新是教师重要的专业品质。要求教师不因循守旧,善于打破陈规旧习;不主观教条,善于在实践中印证事实;不盲目崇拜,善于学习先进为我所用。

第五章 师范生职业理想培育

第一节 师范生职业理想培育的主要内容

一、核心概念界定

要搞清楚师范生职业理想的概念,首先要对"职业""理想""职业理想"等进行界定和把握,这样将有利于更好地开展研究,同时也是高师院校师范生职业理想培育研究的逻辑起点。

(一)职业、理想、职业理想

职业是一个范围较广的概念。从词义学角度看,"职"和"业"构成了"职业"。所谓的"职",即天职、职责。所谓"业",就是行业、事业。《现代汉语词典》是这样概括的,职业是"个人在社会中所从事的,并作为主要生活来源的工作"。同时,在不同学科和不同领域的专家与学者都对它有不同的定义。美国社会学家塞尔兹认为:"职业是一种特殊活动,决定着从业者的社会地位,是个人为了不断取得收入而连续从事的具有市场价值的活动。"伟大的教育家杜威把职业定义为可以从中获得利益的一种活动。我国一些学者认为:职业是劳动者能够稳定从事的有偿工作。还有一些学者认为:职业是一个人工作经历过程,或是一系列与雇佣相关的职位、任务和经验活动。综上所述,职业是指人们从事的相对稳定的、有收入的、具有社会性的专门类别的工作,反映个人与社会两个方面。

理想,是人们在不断地实践过程中形成的、有可能实现的、对未来社会和自身发展的有根据、合理的向往和追求,是人们奋斗目标的集中体现。理想来源于现实,又超越现实。理想是指路灯,是我们要达到的境界。理想同个人的愿望相联系,包括个人的认知和想象;认识是产生理想的基础,想象是对未来某种目标的向往和追求。两者密不可分,离开对客观现实的正确认识,想象就会成为主观臆想,成为幻想、空想,没有丰富的想象就不会产生远大的理想。

职业理想,是人们通过不断奋斗努力追求未来职业或事业上的成就,是一种对未来职业的向往,并指导人们在实现职业理想过程中的价值观行为。搞明白理想职业与职业理想的区别,更容易掌握职业理想。人们的职业幸福感取决于其职业是否理想,若个人从事理想职业,并实现职业理想,才会获得真正的职业幸福感。理想职业是人们从事职业之前内心深处对于今后向往或者规划的职业,这个职业可以是真实存在,也可以是自我虚构的。职业价值观决定职业生涯,职业理想不同于理想职业。职业理想是每个人的职业价值观,包括个人的理想信念和世界观,是人生目标和态度在职业选择方面的具体体现。

(二)高师院校师范生、高师院校师范生职业理想

由曾近义主编的、华南师范大学编写组编写的《师范大学生手册》一书指出,高师院校是实施高等师范教育的学校,包括三个层面的学校:师范大学、师范学院、师范专科学校。其中教育学院或教育行政学院是专门培训中等学校在职教师和教育行政人员的,也是属于这个范围。关于高师院校的培养任务,早在1986年3月26日国家教育委员会发布的《关于加强和发展师范教育的意见》就明确规定,在国家教委的统一安排和规划之下,各级师范院校承担着培养部分高层次师资的任务、高师本科院校培养中等学校师资队伍、师范专科学校培养初级中学师资力量。

师范生是指通过保送或者国家统一考试,在各级各类师范学校中修学教师教育课程体系的师范类专业的受教育者。师范生所修的专业是教育方向,将来的就业目标也是很明确的,即到学校或者教育机构从事教学或教学管理工作,这些绝大部分人都将从事教师行业。高师院校的师范生通过学习相关师范课程,到毕业的时候可以获得相应的教师资格证,或者是通过接受各种师范技能的培训,毕业后获得具有汉语言文学、英语、生物、化学、历史学、数学与应用数学、地理科学、计算机科学与技术、心理学、美术学、体育学、音乐学和思想政治教育等专业的教师资格证书。

高师院校师范生职业理想,是指在师范大学、师范学院、师范专科学校就读师范专业的全日制大学生对未来所从事的职业及事业获得成就的追求和向往。高师院校承担着培养和提高基础教育学科师资教育素养的任务,其师范性主要体现在开设了教育学、心理学、中学各科教材教法等公共类教师教育课程和教育见习、实习上。高师院校都是举全校之力在办师范教育的,工作重心也是基本围绕优秀教师培养。这意味着高师院校师范生职业理想已经初步或基本把学校的培养目标作为自己的方向和目标。而随着当前高等教育和教师培养的改革形势变化之下,高师院校非师范生的数量在不断扩大,高师院校师范生的职业理想也由此变得多样化,不仅仅局限于从事教育事业,也有可能会出现工作岗位与专业不对口的现象。

(三)高师院校师范生职业理想培育

在对高师院校师范生职业理想培育进行概念界定之前,要搞明白教育与培育的概念。教育与培育之间既有联系,又有区别。教育是提高社会个体质量而进行的一种设想和规定。培育是针对特定的对象而言,在教育目标的基础之上具体落实。

高师院校师范生职业理想培育,是指在教育部对于我国师范生教育提出意见的前提之下,对高师院校师范生这一特殊群体制定具体培育目标,对其职业理想进行引导,并在这个过程中结合学生和社会实际情况,指导其形成正确并积极向上的职业规划,从而帮助高师院校师范生实现职业理想做出合理计划安排的社会活动。树立正确的职业理想,对于高师院校师范生处理各种矛盾、提升自我能力、顺利完成学业、实现人生价值有着重要意义。作为受到高等教育的师范生,培育其职业理想时,一定要根据社会发展和需要,根据学生实际情况,坚持不懈,为社会发展、民族振兴做出贡献,培养新时代的社会主义接班人,壮大具有师范特色的教师预备队伍。

二、高师院校师范生职业理想培育的主要内容

与其他学生职业理想相比较,培育高师院校师范生职业理想特别要注重师范生的可持续发展,使师范生能够坚定自己的职业理想。因此,对高师院校师范生进行有针对性的培育是非常有必要的。笔者认为高师院校师范生职业理想培育的主要内容应该包括以下几个方面:

(一)专业化的师范技能

《大学》如是说:"大学之道,在明明德,在亲民,在止于至善。知止而后有定,定而后能静,静而后能安,安而后能虑,虑而后能得。"意思是我们要想人生中有所收获,必须明确自己要达到的境界是什么,这样才会意志坚定地去追求、去努力。而知道自己要达到的境界,就必须通过职业实践和进行职业生活的规划等活动来实现。高师院校师范生职业理想和普通大学生职业理想的不同之处在于,师范生掌握了更规范的师范技能。高师院校对师范生的培育要定期或不定期安排专业实习,通过不同类型的社会实践活动加强其职业理想的规划和树立。在实践过程中,高师院校师范生的就业压力也会增大,与其他同龄的没上大学的人相比,那些人早已经自食其力,师范生希望通过上大学和自身努力,在经济上实现独立,甚至超过他们。在追求职业理想的道路上,高师院校师范生一步一步不断实现规划的每一阶段的小目标,孜孜以求,在不断奋斗过程中,师范生对于专业化的师范技能的掌握显得十分重要,很多用人单位也是很看重师范生的师范技能以及对现代多媒体的使用能力。

每一个大学生在进入社会大环境之前都要通过学习和实践来掌握生存的技能,而师范生的职业理想具有现代化和时代性。大部分师范生今后将会走向教师岗位,这就要求他们具有夯实的师范技能,包括优秀的"台风"、漂亮的三笔字、对于课堂的控制、对于学生的管理、对于学科的理解、对于多媒体在教学内容中的合理运用,等等。无论是什么课程的教师,即使肚子里面有学识,但没法将这些知识合理地表达出来并让学生吸收,也是不理想的状态。因此,对于师范生职业理想的培育应注重专业化师范专业技能,使师范生熟练掌握这些技能,更有利于师范生实现职业理想。

(二)教书育人的奉献精神

在计划经济背景的"包分配工作"条件下,高师院校师范生的职业理想基本上都是根据专业统一安排的。但是,在市场经济条件下,高师院校师范生的职业是由社会市场资源和法律配置形成的。受社会各种因素的影响,培育师范生教书育人的奉献精神显得十分必要。一方面,高师院校师范生在进入大学选择专业之前,会根据自身兴趣或者考虑家里人意见或者其他因素决定读哪个学校的哪个专业。另一方面,高师院校师范生在正式进入大学后,通过接受各种专业知识以及专业实习,对未来人生有了更多的选择。如何保证高师院校师范生绝大多数未来从事教师行业,培育师范生为教育事业奉献一生,将自己的所学无私地传授给学生,并始终保持对教育的热忱,这是培育的重要内容。

面对社会的发展和人性本身弱点的挑战,教师要引导师范生追求"春蚕到死丝方尽,蜡炬成灰泪始干"的境界,注重培育师范生的园丁精神,以及对教育事业的执着。无论社

会怎样变化,无论受到什么思想的影响,师范生始终能够坚守着为社会培育优秀建设者和接班人的那块清纯阵地。无私的奉献精神是师范生职业理想最特殊之处,在培育过程中对其进行主流意识形态的灌输和传播,培养师范生个人对社会的奉献、对受教育者传道授业解惑的职业理想。

(三)与时俱进的爱国情怀

新时代的爱国主义是既体现爱国主义的优良传统,也体现出时代的特征,内涵会更加丰富。对师范生职业理想的培育要将培育爱国主义为核心的民族精神和以改革创新为核心的时代精神放在突出位置,鼓励师范生献身于中国特色社会主义伟大事业。通过培育师范生坚持学习党的方针政策,学习党的基础知识等,了解国家当前发展形势,为以后培育下一代做充实的准备。与时俱进的爱国情怀需要真挚的感情,需要理性的认识,更需要实际的行动。培育师范生的爱国情怀是与国家的实际发展情况相一致的,只有真正将国家利益放在第一位,始终做到言行一致,与祖国共命运,才是真正的爱国者。

培育师范生与时俱进的爱国情怀是职业理想培育的重要内容,同时也要注意培育师范生树立崇高的理想信念。理想离不开信念,需要信念支撑;信念依靠着理想,需要理想引领。理想信念是一个人、一个国家、一个民族在奋斗目标上的具体体现,是人类特有的一种精神现象和活动,是人类发展不可或缺的动力。理想信念是我们党和国家安身立命的根本,共产党人要坚定理想信念,经受得住各种困难的考验,以解放全人类为己任。《共产党宣言》特别强调无产阶级只有通过解放全人类才能解放自己的思想,这就要求我们要维护人民群众的利益,坚持最高纲领和远大理想不动摇。培育师范生将个人目标与国家前途紧紧联系在一起,激发师范生为国家富强、民族振兴和人民幸福而努力奋斗的强烈爱国情怀。

(四)对受教育者的热爱之情

高师院校师范生的职业理想内容是十分丰富的,包括对于未来社会的憧憬、对未来工作及个人成就的向往、对生活和工作条件的追求、对自我道德目标的勾画,等等。理想是来源于现实的,高师院校师范生的职业理想离不开受教育者这一对象。这些对象是具有个性特点的受教育者,因此对于受教育者的"精心呵护、关怀备至、情有独钟"的热爱是其职业理想的特殊之处,也是培育的核心之处。师范生是未来教师队伍中的重要成员,高校要培育师范生尊重、关爱学生的情感,只有从内心深处产生对受教育者真挚的热爱,才会热爱教育事业,才会在教师岗位上发光发热。

著名教育家陶行知说过:"真教育是心心相印的活动,唯独从心里发出来的,才会达到心的深处。"一个好教师是热爱自己学生的教师,他会毫无保留、最大限度地将知识传授给每一个学生。热爱学生是教师的天职,是师德的核心,是我们对教育事业的追求,也是教育事业的智慧。培育师范生热爱学生,将无私、公正的爱面向全体学生,教师应该对学生一视同仁,不能因为学生的家境情况、智力高低等因素来区别对待。培育师范生对受教育者的热爱之情,关心学生的全面发展,培养学生正确的学习态度和良好的行为习惯。热爱学生是教师工作的根本出发点和归宿,要培育师范生"落花不是无情物,化作春泥更护花"的情怀并使这种情怀伴随师范生接受教育和树立职业理想过程的始终。师范生的职业理想面对的对象是受教育者,对受教育者的热爱是他们获取幸福感的主要途径,不必太去在意自己的待遇如何、自己的工作环境是否舒适,要把一切目光都锁在受教育者学习、生活、工作等方方面面。总之,就是要培育师范生对受教育者深深的热爱。

第二节 师范生职业理想培育的意义

历年来,大学的学子被看作是改革的先驱、国家的栋梁、民族的希望。"铁肩担道义,妙手著文章",他们书写着中华民族历史的动人篇章。随着价值多元化和就业压力的增大,这个世界已经不同于笛卡儿、牛顿时代,存在着随机的、混沌的、非对称的因素,当这种微妙的秩序引入学校之时,做好培育高师院校师范生的职业理想显得尤为重要。

一、培育践行社会主义核心价值观的必然要求

社会主义核心价值观的基本内容是:"富强、民主、文明、和谐,自由、平等、公正、法治,爱国、敬业、诚信、友善。"这二十四字论述了国家、社会、个人层面的价值追求和目标,是社会主义核心价值体系的精髓。中共中央办公厅在《关于培育和践行社会主义核心价值观的意见》中明确指出:"要把培育和践行社会主义核心价值观融入国民教育的全过程,加强宣传教育,开展实践活动,加强组织领导。从小抓起、从学校抓起,要将其贯穿于基础教育、高等教育、职业技术教育、成人教育各领域。"高师院校师范生的职业理想培育是践行社会主义核心价值观的必然要求,将核心精神注入师范生的头脑中,培养师范生的爱国热情及创新精神,坚定师范生的民族自尊心和自信心,增强为国家富强而奋斗的自豪感和社会责任感。培育高师院校师范生的职业理想,就是在培养师范生正确的职业观,职业观的三个基本要素就是:一是维持生活;二是发展个性;三是承担社会责任。师范生树立正确的职业理想无论是对于师范生个人、社会还是国家都是具有很大现实意义的,而这恰恰与社会主义核心价值观的三个层次相吻合。培育师范生的职业理想,将师范生的个人价值与社会价值相结合,实现个人理想同社会发展和行业需求的紧密结合,鼓励师范生到迫切需要人才的地方工作,成就事业。

培育高师院校师范生的职业理想,将社会主义核心价值观贯穿于全过程中,推动师范生价值观教育,既加强师范生自身修养和培养优良传统品德,也促进师范生成为在实现伟大中国梦进程中的最积极、最活跃的群体。需要注意的是在用社会主义核心价值观引领高师院校师范生职业理想培育,重要的是让师范生对我国国情、现状的基本了解,认识社会主义初级阶段的性质和特点,毫不动摇地坚持中国特色社会主义共同理想。理想信念是价值观的重要组成部分,是人们对于未来生活的向往,强化师范生理想信念教育,使其深刻理解选择中国特色社会主义道路的意义,对中国特色社会主义的共同理想有认同感,并将共同理想内化为自己的价值追求和奋斗目标,同全国人民一起坚定不移地努力。培育和践行社会主义核心价值观,就是要求高师院校在培育师范生职业理想时,正确处理好国家共同理想与师范生个人职业理想之间的关系,自觉并有意识地促使师范生将个人职业理想与国家共同理想有机结合起来。高师院校引导师范生尽早树立职业理想,使理想发挥动力作用,让师范生有足够的热情和干劲去学习知识和技能,培养出为社会发展、国家繁荣的贡献者。总之,培育高师院校师范生职业理想是践行社会主义核心价值观的具体表现,要通过社会主义核心价值观来培育师范生的职业理想。

二、提升高师院校人才培养质量的必然要求

现代高校大学生就业制度的特征就是学生与用人单位是双向选择的,大学生毕业之后走向人才市场,接受用人单位的选择。社会向大学生提供就业岗位,每位大学生也可以根据自己的意愿选择满意的就业岗位,但是社会对于人才的质量要求却是越来越高。人才的质量不仅体现在师范生的专业水平上,还体现在其他各种综合能力,包括主动意识、合理规划能力、抗风险能力、参与竞争的能力。社会人才市场的激烈竞争,需要师范生主动勤奋上进、努力拼搏找到合适的职业,并从入学时就树立未来的职业理想,主动着手规划自己的职业目标,有目的性地去塑造自己。计划经济体制下大学生的"等、靠、要"的意识在当今社会是绝对行不通的,而是需要对于个人生活、工作规划能力强的劳动者。市场经济变化多端,风险几乎无处不在。在经济学概念中,风险是指"由于社会生活中存在着各种不确定的因素,经济主体遭受损失的可能性"。高师院校师范生必然会面临就业风险或工作后遇到各种风险,这就需要师范生具备主动预防和抵抗风险的能力。很多用人单位将是否具备竞争能力作为重要考察项目和条件,高师院校的师范生作为千万大学生中的一份子,是社会人才资源的重要组成部分,必然会受到市场的调配和制约。

高师院校是向社会提供人才的重要基地,师范生是教师队伍的强大后备力量。随着社会的高速发展、人才要求的提高,通过培育高师院校师范生的职业理想来提高人才质量显得尤为重要。培养高师院校师范生的职业理想可以挖掘师范生的自我潜能,增强个人实力,可以增强师范生职业发展的目的性和计划性。一个人的发展要有计划、有目的,不可盲目地"撞大运",有的学生会将失败归咎于运气不好、机遇差,而实际情况是职业理想不科学。古语讲:"预则立,不预则废。"培育高师院校师范生的职业理想,保证师范生在就业之前具备良好的能力条件,能够加大成功就业的概率。培育高师院校师范生的职业理想,并结合社会经济发展形势、高校就业政策,增强师范生的综合能力。师范生及时发现自身不足,提前准备规划,高师院校通过职业生涯课和就业指导课开展职业理想的培育工作,共同促进师范生的人才质量。总之,培育高师院校师范生的职业理想不仅培养了师范生的专业能力,也提高了师范生的综合能力,从而提升了高师院校师范生的人才质量。

三、加强高师院校师范生思想政治教育的必然要求

高师院校师范生的职业理想是师范生对于其未来可能从事的职业而获得成就的向往,体现了师范生个人的价值观和人生态度,而培育师范生的职业理想就是纠正规范师范生的职业价值观,促使其产生正能量的积极态度。思想政治教育是社会或社会群体用一定的思想政治观念、道德规范,对其成员施加有目的、有计划的影响,并促使其自主接受,从而形成符合社会需要的思想品德的社会实践活动。概言之,思想政治教育的根本目的就是提高个人思想道德素质,达到社会要求水平,从而实现人的自由全面发展以及社会的发展。要达到这一根本目的,要求培育高师院校师范生的职业理想,实现个人与社会的统一,即个人理想应当与社会理想靠近或吻合,并努力奋斗实现社会共同理想。加强和改进高师院校师范生思想政治教育,做到充分发挥思想政治教育的个体性功能:

引导师范生遵循客观规律,追求更好的生存状态,促使师范生保持坚定正确的政治方向,在社会规范允许的范围内进行创新性活动,刺激师范生主动、积极参与社会主义建设;做到思想政治教育的社会性功能:传播社会主导意识,创造社会主义生产力发展的精神动力,营造和谐社会环境,充分发挥思想政治教育的文化职能,帮助师范生形成生态价值观,推动生态文明建设。

为使思想政治教育在高师院校师范生这一群体中发挥作用,实现其功能,必须对师范生进行职业理想培育,培育的内容既丰富了思想政治教育的内容,也实现了对师范生的培养。高师院校师范生的职业理想培育应当包括两个方面的培育,一是职业观培育,二是理想信念培育。其中对于职业观的培育包括职业知识的传授、职业能力的养成、职业道德的规范;理想信念培育包括个人理想培育和社会主义、共产主义理想信念培育。因此,职业理想培育与思想政治教育两者是相互反映,共同发展的。培育师范生的职业理想除了让师范生了解相关职业背景和发展前景这些基本的职业知识,还要注重培养师范生相对应的某些职业能力,加强职业道德意识、规范教育,在实践中注意职业道德行为引导。关于师范生的个人职业理想,是要师范生能够找到理想的职业,并感受到职业幸福感,这样的职业才是理想的。思想政治教育强调个体享用功能,就是个体实现某种愿望后,获得精神上的享受,变现为满足、快乐和幸福。同时,培育高师院校师范生的职业理想还要强调社会理想培育,即引导师范生树立中国特色社会主义共同理想,树立共产主义远大理想和坚定信念。总之,培育高师院校师范生的职业理想丰富了思想政治教育的内容,促进了思想政治教育的发展。

四、促进高师院校师范生健康成长的必然要求

对于刚进入大学的师范生而言,部分师范生身心难免会存在一定的问题,心理压力大,对新环境的不适应。这与缺乏正确的引导和对职业理想的迷茫有直接关系。加强高师院校师范生职业理想的培育,能够尽早让师范生确立职业理想,让他们少走弯路,同时也会有助于他们朝着目标进步,安心学习,健康成长。对于高师院校的师范生而言,最关心的是毕业后自己能否找到一份合适的工作,在高等教育大众化的今天,师范生面临激烈的就业压力。当初选择师范专业是为了能够走上教育岗位,但是随着年龄和见识的增长,其职业理想可能会有更多的选择。但是,招聘单位的用人要求也在改变,对师范生的职业素养、职业道德等方面都提出了更高的要求。教育部等七个部门发布《关于进一步加强职业教育工作的若干意见》中指出,就业率成为评估职业学院的重要指标,关系学院的生存。因此,培育师范生的职业理想不仅有利于学院发展,更有利于师范生个人发展。托尔斯泰说过:"理想是我们的指路明灯,没有理想就没有坚定方向,甚至没有生活。"培育高师院校师范生职业理想能够避免师范生在成长途中迷失方向乃至误入歧途,能够给他们提供外在的动力,鼓励其为实现职业理想而努力奋斗,促使其将时间和更多的精力投入到专业知识和能力的培养上,有助于师范生职业气质和精神的形成,为从事的职业做好准备工作。

培育高师院校师范生职业理想,不仅有助于促进师范生健康成长,而且还能够促使师范生树立正确的价值观,正确进行职业定位,通过完善自我实现全面发展,进而提高师

范生的综合素质。邓小平曾指出:"我们过去能够在非常困难的情况下,战胜千难万阻取得革命的成功,正是因为我们有理想。"刚进入大学阶段的师范生在世界观、人生观、价值观等方面还不是特别成熟,容易受到生活环境、理想动机、同学关系、教师引导等各种因素的影响和制约,这个阶段对其进行职业理想培育能够使师范生的价值观由不稳定到稳定、由感性到理性、由抽象迷茫到具体实际地发展。师范生能够通过职业介绍、前景分析,主动寻找差距,根据自身条件确定职业方向,完善自我。职业理想培育不仅仅是就业教育,还是道德教育,是要求师范生德智体美全面发展,帮助师范生利用大学生活为进入就业岗位做好准备,更是帮助他们明白怎样将个人理想与社会理想相结合。明白自己要为了社会发展和人民幸福而做出奉献,必要时还要牺牲自我利益。总之,培育高师院校师范生的职业理想必须贯穿整个教育过程,全方位培养师范生,引导学生掌握多门知识、多种技能,培养出高素质的复合型人才,使师范生的大学生活是健康成长的,在今后的社会上是健康成长的。

第三节 师范生职业理想培育的路径

高师院校是培养建设中国特色社会主义接班人和建设者的主阵地,加强高师院校师范生职业理想培育能够保证教师队伍的发展。把握当前师范生职业理想现状,和培育过程中存在的问题和挑战,实现多方共同努力,优化高师院校师范生职业理想培育路径。

一、党和国家:做好师范生职业理想培育的顶层设计

(一)健全职业理想培育制度

2018年3月16日,十三届全国人大一次会议新闻中心于梅地亚中心多功能厅举行记者会,教育部部长陈宝生就"努力让每个孩子都能享有公平而有质量的教育"相关问题回答中外记者提问。陈部长指出:"培养未来的老师,靠的是师范教育,教育部正在制定教师教育振兴计划,对师范教育做进一步的顶层设计,确定目标、重点和政策措施,资源配置方面向师范教育倾斜。"随着我国师范教育的发展,我国传统的师范教育正在向现代师范教育转型,在师范教育专业化、开放化等方面取得了显著成效。重视师范教育的发展,制定科学的行业标准和专业标准。师范生的职业理想培育是属于师范教育的重要内容,加强师范生树立教师职业理想,有利于促进师范教育的发展。师范教育是为基础教育服务的,早在1987年3月召开的高师工作座谈会上就明确强调:"国家设置的各级高等师范院校的目的,一是培养中学、小学、幼儿园的合格教师;二是培养职业教育方面或其他方面的合格教师。"国家要健全师范生教育制度,重视对师范生的职业理想培育,从制度上提高保障。为把职业理想培育落到实处,要求设立相关机构,明确各机构职责,通过制度使其更加规范化,督促各部门严格执行。

党和国家要重视和支持高师院校的发展,毫不动摇地坚持高师院校的师范性,对师范生进行职业理想培育的同时,坚持职业理想培育的作用和巩固职业理想培育的地位。在坚持职业理想培育地位和作用时,面向基础教育,大力开展教育科研,正确处理好师范专业与非师范专业的关系、专业课程与职业理想培育课程的关系。不要在没有充足的资源条件下,为了增加学校的经济效益,或为了向综合性大学看齐,或为使学校升格而增设

不必要的非师范专业,这是不妥的。在保持师范专业优先发展的前提下,根据师范生的学科优势和资源,适当建立非师范教育专业,有助于高等师范院校人力和物力资源的充分利用,有助于拓宽办学渠道,有助于培育师范生职业理想。

(二)深化培育教师队伍改革

2018年1月20日,中共中央、国务院印发了《关于全面深化新时代教师队伍建设改革的意见》(以下简称《意见》)。这是新中国成立以来第一个专门针对教师队伍建设的里程碑式的政策文件,强调要坚持和加强党的全面领导,深化教师管理综合改革,切实理顺体制机制。《意见》明确指出,要深化高等学校教师人事制度改革、推动高等学校教师职称制度改革等。高师院校师范生的职业理想的培育主体是教师,需要党和国家做好顶层设计,关注职业理想培育教师队伍的发展。完善《教师专业标准》和《教师资格考试标准》,尽量概括全面,涉及各种情况,以确保教师队伍的专业化。总之,国家要重视教师队伍的发展,特别是职业理想培育队伍和思想政治理论课教师队伍,以文件和法律的形式保障教师队伍发展,科学进行培养和考核。

深化教师队伍改革制度,关心教师,包括教师的生活、工作、心理等方面,加大对于教师队伍的资金支持,依据教师实际情况适当提高教师薪酬,增强教师的职业幸福感,从而影响学生的职业理想。改善教师工作环境、提高舒适度,能够让教师更愿意主动工作和更热爱教育事业。同时,要增加硬件和软件教学设备,改进教学方法,提高职业理想培育课堂的教学效率。处理好教师的自身师德和师范生的师范技能养成的关系,着力培育教师强烈的社会责任感。鼓励和支持教师结合教学实践工作积极参加学历的提升,提高自身水平,为师范生进行职业理想的专业培育做准备。支持和鼓励教师进一步提高学历、培养教学能力,为培育具备先进教育观念、扎实专业知识、较强教学实践能力的优秀教师和教育家奠定坚实基础。

(三)加强师范生就业指导

高师院校师范生的职业理想最终是通过完成就业而体现的,党和国家要重视师范生的就业,特别是高师院校师范生。一方面要准确掌握整个社会的就业形势,另一方面要起好就业者和用人单位的桥梁作用。加强师范生就业指导,对于高师院校师范生而言,有利于树立其积极的职业理想和实现职业理想的信心;对于师范院校而言,能够提高就业率,较好地保证培养质量,有利于树立良好的学校形象以及加强学校的影响力;对于社会而言,能够保证各类人才在社会中的合理分配,实现资源的合理利用,发挥人才的最大优势,有利于社会的稳定发展。

针对高师院校师范生职业理想存在的问题,党和国家要领导相关部门主动合作沟通,解决高师院校师范生就业问题,这样才能从根本上让高师院校师范生坚定从事教育事业的恒心。各地区人力资源与社会保障局应当按照国家要求,保证就业的公平,杜绝"走后门""投机取巧"等不正之风。教育行政部门要主动协调,按照公开招聘制度要求,更好地服务师范生就业,可组织用人单位与学校的合作,确保双向选择的民主性,确保每一位师范生工作的落实。另外,加强师范生就业指导、师范生职业理想培育、就业教育等,要结合多种方式,包括经济支持、政策保障、法律维护等方式来确保就业工作的进行。对于师范生的就业辅导与服务方面,党和国家要加强制度保障,指导就业课程和就业学科的建设。支持培育师范生职业理想教师和就业指导教师的发展,提高教师在师范生就业方面的指导能力,设立相关高校师范生招生、学籍学历管理、毕业生就业信息咨询和服务的专门机构,增加就业机构的服务职能,运用新媒体,及时准确地帮助师范生了解就业信息,实现就业。总之,通过保障师范生的就业工作,让师范生对职业前景充满信心,对未来充满希望,这样就会大大提高对其职业理想的培育效果。

二、社会:营造职业理想培育的良好环境

(一)优化师范生成长环境

人的成长经历长期的社会化过程,在这个过程中,人的思想和行为难免会受到环境的影响,对人的教育活动也会受到环境的制约。环境对于职业理想培育活动和高师院校师范生的职业理想形成和发展产生着重要的影响,大力优化师范生成长环境,对于促进师范生职业理想发展和职业理想培育顺利进行有着至关重要的现实意义。良好的环境会通过示范、舆论等方式影响着师范生的心理,从而约束师范生的行为,有助于师范生树立正确的价值观,在有形和无形中感染着师范生,不知不觉受到潜移默化的影响,促进其健康成长。环境能够通过外部刺激巩固和加深师范生的认识,并且能够更好地促进其内化,强化职业理想培育的成效。优化师范生成长环境是开展职业理想培育的基础性工作,必须努力做好这项工作。

优化师范生成长环境和职业理想培育环境,要充分利用环境中的积极因素,将消极因素转化为促进因素,充分发挥环境的感染作用。优化经济环境,建立社会新秩序,协调经济关系,缩小经济差距,为职业理想培育工作创造良好的基础。优化政治环境,加强社会主义民主和法治建设,稳妥处理各种社会矛盾,维护社会安定团结,使培育工作能够稳定进行。优化文化环境,传播科学的指导思想和社会主义核心价值观,促进文化事业发展,营造健康的文化环境。优化媒体传播环境,加强新媒体的建设和管理,弘扬社会主旋律,采取有效措施监督网络环境,为师范生提供健康的精神食粮。

(二)营造尊师重教氛围

尊师重教是中华民族的传统美德,"尊师重教"这个词语最早是出自《后汉书——孔僖传》:"臣闻明王圣主,莫不尊师贵道。"2016年9月9日,习近平同志看望北京市八一学校全体师生时也讲到:"新的历史时期赋予了'尊师重教'新的时代内涵。强国必先重教、重教必须尊师,优良传统永远不能丢、永远不能忘。"培育高师院校师范生是为了培养未来的优秀人民教师,师范生看重教师职业的发展前景和教师的社会地位,教师的薪资水平和社会评价这些因素影响师范生树立教师职业理想。随着社会高速发展,教师的待遇相对于别的职业而言,可能达不到部分师范生的期望值,师范生就会有点排斥教师职业,对于未来从事教师行业就得不到成就感和幸福感。这会打击师范生的积极性,将不利于职业理想培育。

营造尊师重教的氛围,就要解决实际教学过程中存在的各种问题。每一个家庭都十分重视孩子的教育,以至于在教学过程中出现有的学生"不能骂、骂不得"的现象,教师稍有不对的地方,或者对学生语气重了一点,就会遭到部分无理家长的指责。或者在教学过程中太过于强调学生的主体性,而忽略了教师在"教"的主体地位。这些现象无疑会磨

灭师范生奉献教育事业的决心。重视教师地位和身份,给予教师更多的关注和支持显得刻不容缓。社会各界应当共同努力营造尊师重教的氛围,提高教师地位,让师范生感受教师职业的幸福感和满足感,这能够更好地对师范生进行职业理想培育。

(三)弘扬优秀传统文化

文化有广义和狭义之分,广义上的文化是指人类创造的物质财富和精神财富的总和,狭义的文化是指社会意识形态和与之相适应的制度和组织机构。我们每一个人都会受到文化的影响,职业理想培育活动也会在一定的文化氛围中进行,并且文化对职业理想培育活动会产生深远和广泛的影响。中华传统文化博大精深,与我们的生活息息相关,弘扬优秀的传统文化,不仅有利于师范生树立积极的职业理想,还有利于职业理想培育活动的进行。优秀传统文化所包含的内容很多,具有塑造人的功能。社会主流文化是人们在处理各项事务时需要遵循的准则,能够在道德层面规范人们的行为,各类型的文化观念也会起到感染人和教育人的作用。弘扬优秀传统文化,创造和谐文化环境,充分发挥优秀传统文化的作用,使其更好地满足师范生发展的需求,促进师范生自由全面地发展。

影响师范生职业理想的形成和发展的文化因素是多重的,那些消极和积极的、有利的和不利的因素总是交织在一起,使得师范生职业理想出现积极和消极并存的现状,职业理想培育存在优势的同时也面临挑战及问题。复杂的文化因素会让师范生树立职业理想的时候面临困扰,也会对高师院校师范生职业理想培育活动造成干扰。因而职业理想培育要正视文化的复杂多样性,弘扬优秀传统文化,引导师范生树立正确的职业理想,保障职业理想培育顺利进行。社会可以通过各种形式来宣传优秀传统文化,弘扬社会主义核心价值观,在学校周边张贴相关广告标语、放映视频等,举行公共性质的文化活动,让师范生参与进来,并且能够体现师范生的主导作用。也可以组织师范生去各高校流动宣传优秀传统文化,让优秀传统文化深植于每一位师范生的心中,并能够影响师范生坚定职业理想。

三、学校:担负职业理想培育的主体责任

(一)创新职业理想培育模式

创新高师院校师范生职业理想培育模式是为了更好地适应新时代的发展要求和师范生个性特点。师范生从刚进学校到毕业之前这四年间,其生理和心理的变化是非常大的,随着年龄的增长和阅历的增加,表现出开始关心国家大事,具有强烈的批判意识,但又具有盲目性、分析事情不全面、目的不明确等。因此针对这种情况,学校要根据师范生的不同特点进行培育,时刻关心师范生的心理活动,了解他们的愿望诉求,并通过举办一些校外活动来规范师范生的不良行为,通过实践活动来对其进行职业理想培育,让他们学会辩证地对待职业理想,科学分析自身情况。学校要创新和利用好第二课堂对师范生进行职业理想培育,以师范生能接受的形式开展培育活动,吸引师范生主动自愿参与进来,这样会大大提高效率。

高师院校师范生职业理想培育过程中,学校的支持起着非常重要的作用,学校要担负起培育的主体责任,重视对于师范生的职业理想培育工作。学校将职业理想培育工作

提上日程,开始尝试开设职业理想培育的公共选修课程,选择优秀有经验的教师任教,吸引师范生主动选课。师范生听课之后十分感兴趣,并且也收获到了在其他课堂上没有听到的新亮点。教师不断创新上课模式,学校加大培育课程在师范生之间的影响力,越来越多的师范生都需要这门课,通过专门的职业理想培育课实现对师范生专业培育。同时在其他专业课、职业生涯规划课、思想政治理论课上也对学生进行职业理想培育,从而实现这几门课程在对师范生职业理想培育上同向同行。为了确保职业理想培育工作的效果,学校可尝试设立专业的职业指导教师,以实现对师范生的单独指导,即"导师制"培育。比如,教师和师范生的比例可以是一个教师指导一个小班,或者一个教师指导二十人或十人等,这要根据每个学校的师资力量和师范生的实际情况而定。

(二)发挥三支队伍模范作用

高师院校在对于师范生职业培育方面特别要注重三支队伍建设,充分发挥三支队伍的模范作用,全面推进职业理想培育,为社会培养优秀的师范生。首先是发挥综合素质高、业务能力强的教师队伍作用。要对教师进行不定时培训,提供给专业课教师、思想政治理论课教师和职业理想培育课教师交流的机会,提高这些教师对师范生进行职业理想培育的效果。也可以通过让经验丰富的老教师指导年轻教师不断成熟,提升教师在"教"的主体作用。教师不断处理好教学与科研的关系,以教学实践加强科研水平,以科研促进教学效果,注重对师范生理论素养的培育,也要结合师范生的实际,运用科学方法,因材施教,用师范生能接受的方式进行职业理想培育。其次是发挥有责任心、管理能力强的班主任队伍作用。为充分发挥班主任在师范生职业理想培育过程中的作用,学校要精心选拔爱学生、会管理的班主任来管理班级,同时提供班主任学习和培训的机会,丰富班主任的管理方法与艺术。班主任既要管师范生的学习,又要管师范生的生活,更好地帮助师范生树立职业理想,不断强化对师范生职业理想的引导和培育。最后是发挥群众威信高、综合能力强的领导干部队伍作用。学校对于师范生的职业理想培育起着重要作用,而领导干部的决策和规划十分关键。整个学校的运作是一个整体,需要各级部门的有效配合,调动各级领导干部的积极性。能够进入领导班子的都是一些具有大局意识、组织管理能力强的同志,他们能够真正起到模范带头的作用。领导干部要重视职业理想培育课程,重视师范生的发展。可以安排每周与师范生面对面交流的活动,了解师范生的心理活动,让师范生有主人翁意识。同时也可以加强与各事业单位的交流,举办一些优秀的一线工作者讲座或活动,与师范生亲密交流,传授经验,树立在工作中为教育事业而不断创新奋斗的良好榜样,这样能够加深师范生的职业理想,有利于对师范生的职业理想培育。

(三)加强思想政治理论课主阵地作用

培育师范生职业理想是思想政治教育的重要内容,对师范生进行职业理想培育是思想政治理论课义不容辞的责任。高校要充分发挥思想政治理论课的主阵地作用,通过对师范生进行思想政治教育,向其渗透积极向上的职业理想。一方面思想政治理论课要改变传统的教学模式,充分利用多媒体,结合师范生的实际情况,对其进行思想政治教育,传播正能量的思想,提升师范生的自主学习能力。另一方面高师院校要注重日常思想政治教育,营造和谐的校园环境和浓厚的学习氛围,丰富师范生的业余生活,形成优秀班风、校风。将思想政治教育贯穿于对师范生进行职业理想培育的全过程,有机结合专业课教学活动,能够提高教学实效性和教育新水平。"育人为本,德育为先"突出了思想政治教育的根本任务,要不断探索培育师范生职业理想的新载体和途径,增强培育有效性。强化成才目标,全面分析师范生的特点及生活、学习、工作规律,提高对于师范生的管理合理性,深化师范生素质拓展工作,促进其全面发展。

总之,充分发挥思想政治理论课的主阵地作用,要明确定位思想政治理论课在师范生职业理想培育过程中的地位,要明确思想政治理论课如何有效对师范生进行职业理想培育,同时又不会偏离思想政治理论课,要明确对师范生进行思想政治教育与职业理想培育之间的"度"在哪里,二者的区别和联系是什么。思想政治理论课对于师范生的世界观、人生观和价值观的形成具有重要作用,通过思想政治理论课对师范生进行职业理想培育,能够帮助师范生坚定理想信念,促进身心健康发展,树立正确职业理想。

四、家庭:支持职业理想的培育

(一)引导师范生理性定位方向

高师院校师范生普遍人生阅历较浅,缺少社会实践。家庭是师范生职业理想形成的第一环境,对于师范生的职业理想培育起着重要作用,家长作为师范生的第一教育者,要帮助师范生根据自身情况,以及家庭实际做出准确定位,理性看待职业理想。同时,家长要注意在平时的教育中培养师范生的理性思维,在平时的小事情上锻炼师范生的独立能力,使其明确自己未来的方向。理性定位未来的职业方向对于师范生未来职业理想的实现和职业理想培育工作起着重要作用,一方面,对于师范生而言,师范生有明确的定位,能增加实现职业理想的概率;另一方面,对于职业理想培育工作而言,能够提高对师范生的职业理想培育效率。师范生具有理性定位的能力离不开家长的支持和家庭环境的配合,寻找家庭对于师范生职业理想的动力,实现师范生更好的职业理想。

家庭支持师范生理性定位未来发展方向,还需要重视家校沟通,家长与教师建立平等的合作关系,形成师范生、教师、家长都能乐意接受的方式培养师范生的理性分析事情的能力,不仅对于师范生个人的发展具有实际意义,而且也能让家长理解和支持学校的培育方法。家长向师范生展示讲解自身或者家庭实际经验,让师范生能够在复杂的社会环境和诸多职业选择面前,做出理性的定位。家长给予师范生成长过程中的爱,多加关注师范生的心理活动,关注其职业理想动态,督促师范生尽早关注和接触职业的机会,从而获得对相关工作的直观感受,树立正确、合理的职业理想,摆脱主观臆断,做出理性的定位。

(二)鼓励师范生客观认知目标

家庭作为职业理想培育的重要阵地,家长的行为也在无形之中时刻影响着师范生的职业理想,有时候或许是家长无心的一个举动,或是随口说出的一句话,都有可能影响师范生对于未来职业的认知。有的师范生对于教师职业认识的偏见会受到部分家长不客观的评价,家长会根据平时的所见所闻,认为教师职业工资低、工作繁杂、容易产生师生矛盾关系等,因此不建议自己的孩子未来从事教师行业。也有的家长本来自己从事教育行业,不顾师范生自己的想法,从小就给师范生灌输未来要走上教师岗位的意识。这些做法都是不恰当的,家长是师范生的榜样,要以身作则,要客观公正,要做到家庭民主,尊重孩子自己的选择,并且主动帮助师范客观评价教师职业,不能盲目相信社会上对于教师不全面不合理的评价。

家庭是师范生认知社会的第一环境,对于师范生认知能力的影响是很大的,通过家庭环境,师范生能够间接接触和了解社会环境。因此,家长要客观地向师范生传递职业信息和职业经验。家庭也要支持师范生的每一个合理的决定,支持师范生大胆尝试,这是师范生对于认知未来目标所做出的主动性探索,如果师范生在树立职业理想的过程中受到干涉,这对于师范生的个人发展和学校的职业理想培育工作也是不利的。家庭应鼓励师范生树立职业信心,保持坚定的职业态度,客观认知自己、认知未来职业。只有学生在思想上主动接受认可教师职业,那么职业理想培育工作就能客观顺利地进行。

(三)支持师范生自主规划职业

家庭在师范生职业理想培育工作方面要支持师范生的自主性,特别是当师范生能自主进行职业规划时。家庭是个人成长的摇篮,是我们每一个人出生之后的第一所学校。师范生自主规划自己的职业生涯不仅需要师范生自己的努力,还需要家长在物质上支持子女的发展,更重要的是在精神上给予子女鼓励,使他们能够自主地规划自己的未来,为实现职业理想提供前进的动力。家庭是孩子实现社会化的第一环境,人们思想品德的形成、习得知识和技能,在一定程度上都是从家庭开始的,家庭为我们提供的条件是最基础的。但是,如何让师范生自主地对未来的职业进行规划,特别是从事教育事业,需要家长的鼓励和影响。家庭对师范生的自主性和独立性培养是普遍的、长久的,家长要积极配合教师工作,支持师范生实现职业理想。家长通过平时的言行,给师范生树立榜样,营造和谐的家庭环境,培养师范生独立的生活习惯。

家长不能完全代替师范生决定未来的路,以及每一步该如何走。家长要顺应师范生的个体性发展,要放手让师范生去探索追求自己的职业目标。师范生对于未来的规划方面,家长要采取民主的方式,让师范生自主去发现教师职业的感染性和教育性。师范生在职业规划过程和实现职业理想的过程中遇到困难的时候,家庭要培养师范生坚持不放弃的毅力以及独立解决困难的能力。师范生养成自主的职业规划能力,有利于师范生从内心承认教师职业,并将其作为未来奋斗的目标,也有利于职业理想培育工作的顺利进行。师范生自主规划职业理想,并要求得到教师的指导,在学习过程中就会虚心听从教师的指导,并在教师的指导下脚踏实地实现职业理想。

五、师范生:充分发挥需求者本位作用

(一)丰富情感,用热情诠释职业

马克思认为,我们在选择职业时,必须要有深刻的信念,对所选择的职业是真的怀有热情,"如果我们是在经过冷静的考察,认清所选择的职业的全部分量,了解它的困难之后,仍然对它充满热情,仍然爱它,觉得自己适合它,那就可以选择它。"对某一事物的热爱能够为我们带来动力,因为对其感兴趣,才会有继续追求下去的理由。师范生在职业理想培育过程中是主体,要真心热爱教师职业,充分了解教师,享受为他人服务和无私奉献的过程,这样师范生才会在实现职业过程中表现出积极性。每一个师范生都有不同

的情感和认知,只有对教师职业富有浓厚的情感,才会充分发挥其主观能动性,在培育过程中才能大大提高培育效果。并且培育出的教师也是富有活力和感情的,这样他们才能够在工作中创造无限的可能和奇迹,促进教育事业的发展。

师范生拥有饱满的热情,对教师职业的真挚热爱,这样才会拥有一个积极向上的职业理想。为了保证职业理想培育效果,师范生要对教师职业充满喜爱,这样师范生才会在职业理想培育过程中投入学习,并化为行为。如果师范生没有热爱之情和对教师职业的向往,在培育过程中就会排斥教师职业,表现出消极的学习状态,容易丧失理想与抱负。

(二)明确需要,用规划指引未来

有学者认为教学质量评价体系是在"需求者本位"的基础上构建的,"需求者本位"又称"个人本位",强调的是个人价值,是根据自身和发展的需要来制定教育目的的活动。所谓职业需要,是指个体对于未来将要从事职业的要求和欲望,是职业行为的积极性动力。随着社会的不断发展变化,职业不断分化,出现多种多样的职业,职业需求被赋予了新的内容。高师院校的师范生应当明确自己的职业需要,明白自己今后要从事什么样的职业,并对今后所要从事的职业进行合理规划,为实现职业理想而不断奋斗努力。师范生不仅要明确自己的职业需要,而且还需要正确地对自己进行评估,根据自身实际情况进行规划,树立最佳职业理想。切记不要好高骛远,不切实际地去树立职业理想,否则到头来只能变成空想。

事实上,在复杂的客观因素约束下,人们很难正确地对自己做出估价。但是,师范生可以充分发挥自己的主观能动性,根据不同时期具有不同素质的自己,通过进行社会实践活动,不断地适时调整符合自身实际情况和未来发展的职业理想。同时,师范生的职业理想应当与社会实际情况相结合,不能单纯地考虑待遇和工作环境。很多师范生都有"大城市情结",不愿意去偏远或不发达地区工作,虽然现在的就业形势严峻,因为一方面师范生通过高校培养可以进入教育行业,另一方面非师范生和部分社会人员可以通过教师资格认证进入教育系统,但是,不是所有地区的教师就业市场都是饱和状态,在中西部地区的优秀师资缺口仍然很大,在经济发达地区的教育事业有雄厚的物质保障,高中需要扩张实现发展,民办学校和职业学校不断兴起,这大大增加了师范生的就业机会。师范生要明确自己的需要,明确社会要求,合理地规划自己的职业理想。

(三)完善自我,用行动回馈社会

"需求者本位"最突出的特点即强调教育中的个体性,重点关注的是人的生存和发展,并为个人发展提供条件,这对于人的个性解放和发展具有积极作用。职业理想培育的主体是师范生,师范生作为培育对象,为实现更理想的职业状态,应当在培育过程中不断完善自己,在不断发展和持续学习中反思自己,激发坚定的职业理想,用专业知识和实践经验让自己成长,并付诸实际行动,用行动来回馈社会。

师范生的综合素质能够使师范生更好地适应未来岗位要求,首先应具备扎实的理论知识。合理的知识结构和扎实的理论是师范生今后从事职业的必要条件,师范生要通过学习理论知识来完善自己,根据社会发展和职业要求,科学运用所学知识,并适应社会,用现代社会岗位的要求来塑造自己,发展自己,重建知识结构达到巩固的效果,使自己适应现代社会就业的要求。其次要培养全面的综合素质。第一是实践能力。不管是文科师范生还是理工科师范生都应当具备实践能力,如果没有实践能力是很难胜任某些教学活动的,应当多看、多练、多思来提高动手操作的实践能力。第二是创新能力。师范生运用敏锐思维,在新问题面前充分发挥创新才能,以新颖的办法去解决。第三是组织管理能力。师范生要培养自己善于运用管理者的知识和能力去组织协调问题,以达到最佳的效果。

第六章 师范生教育实习

第一节 教育实习的性质和意义

教育实习是师范教育不可缺少的重要组成部分,正确地认识教育实习的性质及其意义是实习生圆满完成教育实习任务的基石。

一、教育实习的性质

顾明远在《教育大辞典》中指出,教育实习是各级各类师范院校高年级学生到实习学校进行的教育、教学专业实践的一种形式,包括参观、见习、试教、代理或协助班主任工作以及参加教育行政工作等。张念宏在《中国教育百科全书》中指出,教育实习是"师范院校学生参加教育、教学实践的学习活动,是体现师范教育特点,培养合格师资的重要环节,是各级师范院校教学中不可缺少的组成部分"。

从上述对教育实习的界定可知,教育实习有以下几个特点:首先,教育实习是师范院校教学计划中的一部分,是教者有目的、有计划、有组织地指导实习生积极自觉地学习教师活动。尽管学习场所、学习方法和师范生在学习活动中的地位都发生了变化,但为其师范生成为合格的中小学教师的目的没有变化。其次,教育实习是师范生集中教学专业训练的一种模式,它有利于师范生理论和实践的联系,使师范生在从事教学、教育工作实践的基础上把对教育事业的感性认识和理性认识统一起来,从而加深他们对专业知识的理解,提高他们对教师工作的认识,并在教学实践中发展他们的才智。最后,教育实习是师范专业培养合格的中小学教师的实践环节,教育实习这种实践方式不仅能够综合运用、综合考察和综合提高所学教育知识,而且能够培养师范生从事教学活动的能力,加深和巩固他们的教育思想,使他们得到全面锻炼。

由此,我们可以界定教育实习是师范教育的重要组成部分,是师范学院学生参加教育、教学实践的学习活动,是师范院校教学计划中一门重要的必修的综合性实践课程。通过教育实习,可以使师范生在了解中小学教育实际和直接从事教学、思想品德教育工作的过程中,在政治、思想和业务上得到全面锻炼。师范生在实习中,印证、检验、巩固和提高自己所学的文化知识、专业知识和技能,培养独立从事教育、教学工作的能力,加深和巩固自己献身教育事业的专业思想。因此,教育实习是师范院校培养合格教师的一次重要的职前训练,是执行师范教育教学计划、实现其培养目标的一个重要的实践环节。

我国现行高等师范学校本科教学计划一般规定教育实习时间为六周,但目前随着对教师教育工作的重视,很多高等师范学校对本科教学计划进行了必要的修正,把教育实习时间由六周改为八周,部分学校规定为一学期。教育实习要求师范生独立完成一定的教学任务,担任班主任工作,指导学生课外活动,对学生进行典型调查和参加学校民主管理等。教育实习的方式有与教学相结合的分散实习、一日制实习,也有集中一段时间的综合实习。目前,大部分师范院校采用集中实习的方式。教育实习的指导由师范院校教师与实习学校教师共同承担,共同负责评定成绩,实习成绩不合格者不发给毕业证和教师资格证。

二、教育实习的意义

师范院校教育实习的目的是:首先,师范生以教育科学理论为指导,把所学的专业理论和基本的理论运用到中等教育、教学实践中去,进行教育工作的综合训练,使其初步掌握教育教学工作的规律,培养施教的基本能力,以达到基本上能够胜任中学教师的教育、教学工作。其次,在实习中,师范生第一次以教师的身份履行着教书育人的神圣职责,从亲身实践中切实体会到自己肩负着党和国家所赋予的培养社会主义接班人的重任,而感到教师职业的崇高,进而产生一种光荣的使命感。同时可以从广大中学教师身上学到他们对教育事业认真负责、一丝不苟、不计个人得失的好思想、好品德、好作风,从而增强师范生的事业心、责任感和奉献精神。最后,通过教育实习可以使师范院校加强与中学的联系,在了解和学习中学教育改革的经验中,发现师范生在实习中所暴露出来的问题,反馈各种信息,为师范院校坚持了解基础教育、服务基础教育和研究基础教育的办学思想,调整课程设置,改革教学内容和方法,提高教育、教学质量提供依据。

因此,教育实习是师范院校培养合格教师的一次重要的职前训练,是执行师范教育教学计划、实现其培养目标的一个重要的实践环节,对巩固和提高师范生专业思想、培养师范生教学工作能力、培养师范生班主任工作能力、培养师范生教育教学研究能力和检验师范教育办学质量有着深刻的理论意义和实践意义。

(一)专业思想教育方面

教育实习是师范生巩固专业思想、陶冶师德的最佳时机和有效途径。教师是太阳底下最光辉的职业。当实习生用自己的言行感染、影响学生并为学生所仿效的时候,他们会真实地体验到教师职业的神圣和光荣,真实地感受到师范生所肩负的重任,就会逐步养成良好的教师职业道德。

许多实习生面对家长的殷切期望与社会各界对教师的高度敬重,面对学生那渴求知识的目光,面对学生上课那股认真劲,下课那般活泼样,见面那种热情劲,离别时的难舍情,深受感动。也有的实习生在与中小学教师、教育工作者的接触了解中,被他们几十年如一日的敬业精神所感动,被人民教师的奉献精神所感染。还有的实习生在亲身体验中感受到教育事业的重要性,看到祖国的教育事业还非常落后,由此树立了献身祖国教育事业的伟大抱负。

总之,教育实习能提高师范生从事教育职业的认识和兴趣,增强师德修养,激发师范生献身教育事业的使命感。

(二)教学工作能力方面

教师的教学工作能力是多方面的,一般包括教学计划的制定、课堂教学的设计、备课与教案的编写、课堂教学与组织、作业的批改与课外辅导、学生的成绩评定及教学语言的运用、教学方法的选择、教学板书的设计、听课评课等方面的内容。它是教师能力的主体部分,是评价教师的主要依据。

实习生在进行课堂教学之前,首先应该认识课堂教学对自己和学生的意义。课堂教学是中小学教育活动的基本构成部分,是学校教育活动的主渠道。

师范生在校时已学习了学科教育相关的知识和技能的训练,教学能力在师范学习的全过程中形成和逐步发展。但是,只有在教育实习中才能形成飞跃、发生质变。一方面,师范生在教育实习时既有师范院校带队教师的训育,又有实习学校指导教师的教导,他们把自己多年来积累的教学经验毫无保留地传授给学生,实习生在老师们耐心细致的指导下进行教学工作实践,在指导与实践的反复过程中不断提高,这样可以大大缩短师范生教学工作经验的摸索期。另一方面,一些教学工作能力,如教学语言和板书的能力,尽管教育学和教学法的老师在课堂教学时对学生提出明确的要求,并在微格教学中得到过一定的锻炼,但教学语言中的条理清楚、表情自然、富于启发性、以手势助说话等,板书要求中的计划性、规范性、图形的美观性等,只有在教育实习的实践中才能逐步加深对它们的认识,并且,找到自己在这方面的差距,从而有针对性地加强锻炼,逐步提高自己的语言表达能力和板书能力。教育实习过程能够初步地培养师范生的教学工作能力,为成为一名合格教师打下坚实的基础。

有一个实习生理论课学习每次考试成绩都名列班上前茅,实习准备时认真钻研教材,教案写得很好,但是语言表达能力不强,说话句子不完整、声音小。第一堂课经过四次试教,虽说在指导老师手把手的指导下,一次比一次进步,但仍然不能上讲台。这个同学认识到了自己的不足,主动提出将他的课推后。他每天一大早起床,就一个人进行独白式练讲,有时还请同学、老师听课指导,效果果然很好,一周以后的第一堂课成功了。这个同学深有感触地说:"如果没有教育实习,毕业后上讲台就出洋相了。"

由此可见,课堂教学实习能使实习生懂得课堂教学对实习生而言是教学相长的重要的生命历程,对学生而言是学习成长的重要的生命历程。

(三)班主任工作能力方面

班主任工作能力是每一个教师必须具备的能力,和教学工作能力一样,也是衡量一个师范生是否合格的主要依据。培养学生的班主任工作能力是师范院校的一项重要工作。

班级是学校进行教育、教学工作的基本单位。班主任工作绝不是学校开设《教育学》课程或专门开设《班主任工作技能》课程,老师们在课堂上讲讲班主任工作内容、程序、方法、要领可以解决问题的,而是必须通过教育实习这种"实战演习"来培养的。通过研究表明教师和学生群体的性格类型是大不相同的,如何在班级里建立既尊重人格又团结合作的具有良好的人际关系和生产性的人际关系的班集体不是一件容易的事情。

班主任工作实习期间,实习生与常年从事基础教育工作的教师和中小学生一起工作、生活和学习,榜样的感染和基础教育工作的亲身体验,能使实习生认识到教师劳动的社会价值,同时也会产生一份重重的责任感;由于班主任工作的相对独立性和对学生教育效果的综合性,实习生还能在教育实习中锻炼自己的社会活动能力和协调能力。实习生年纪轻、阅历浅,做管人的工作缺少经验和技能,班主任工作的亲身经历,能加深对所学教育科学理论的理解,初步掌握班主任工作技能技巧和独立从事学生思想教育工作的能力。

(四)教育教学研究能力方面

一个合格的教师,除必须具备良好的教育教学工作能力以外,还必须具备教育教学研究的能力。通过教育调查和教育教学研究,可以了解教育的现状,为教育教学改革提供第一手材料,也为教育行政管理部门提供决策依据。

师范生在学校学到的教育学理论,如教育研究方法,能帮助实习生完全有基础、有效地开展教育调查并进行研究整理,撰写出具有一定水平的调查报告和教育论文,以此提高自己的教育教学研究能力。

(五)检验师范教育办学质量方面

教育实习是检验师范院校教育质量的重要途径。学生在教育实习之前还没有修完全部课程,况且教育实习本身就是一种学习,是学生成长过程的重要一步,在评价学生时看不到这一点就会失之过宽。所以仅仅依据教育实习来评价师范教育的质量就可能产生片面性。但是,通过教育实习学校的评价,仍然可以对师范教育的质量做出一些基本的分析与评价。这种基本的分析,有利于师范院校针对学生的薄弱环节进行补课,甚至调整教育模式,进行教学改革,有利于广大实习生看到自己的不足,有的放矢地补充知识。

教育实习是一面镜子,它所反映的问题暴露了师范院校教育教学中的薄弱环节。由于教育实习的内容广泛,反映问题全面,不仅能反映学生个人的知识、素质、能力方面的情况,而且能反映师范院校的办学方向、办学水平等方面的问题。师范院校在获取这些反馈信息以后,就可以对症下药,改进工作,进一步提高办学质量,更好地为基础教育服务。

总之,实习生要正确地认识教育实习的性质和意义,加强教育实习技能训练,把握教育实习这一契机,为成为合格的基础教育师资奠定良好的思想和技能方面的基础。

第二节 教育实习的任务与作用

师范院校的培养目标是确定教育实习目的的主要依据,而教育实习目的的实现又必须依赖各项具体任务的全面组织实施。

一、教育实习的任务及内容

教育实习的任务及内容,是依据国家教委有关的大纲精神规定的。

教育实习主要有以下几个项目:

(1)全面了解实习学校的一般情况以及教育改革的情况,了解并研究实习班级的学生及其集体。

(2)按师范院校学生的专业,研究各学科教学及课外活动(听课和观摩教学,研究教师教学资料,出席各科教学评议会议等)。

(3)当教师助手的实习工作(替上课教师准备教学资料,检查学生练习本和作业本,给落后学生补课等)。

(4)师范院校学生按所学的专业科目上实习课和指导课外活动,观摩实习生的课堂教学和课外作业,并积极参加分析评议活动。

(5)研究青年团工作的优秀经验。

(6)研究班主任工作的优秀经验及课外教育工作。

(7)进行教育调查并撰写教育调查报告。

虽然这些项目中的每一项,对于参加教育实习的师范院校学生都是很重要的,但是,教育实习的主要任务有两项:一是搞好课堂教学,教好功课;二是做好班主任工作,教育好学生。

二、教育实习的作用

教育实习,顾名思义就是让师范生直接到实习学校去体验学校生活,例如把师范生安排在一定的班上,担任具体的工作。经过若干天之后,师范生就会感觉到本人就是实习学校教育集体中的一员。

几日来,在实习学校,我产生了新的思想、情感及希望。学校的生活像沸腾的泉水,虽然我一大清早就来学校了,但是,放学以后仍然不想回去。在我的班上,我已经掌握了全体学生的姓名,知道谁学得怎么样,知道谁在哪一门功课上不太好。不久,我将要上第一节课。学生对我们实习生的态度,都是很好的。(师范学院学生的日记)

这种实习,能帮助师范学院学生去研究教育过程,研究人民教师的光荣工作。

在实习前,师范生对于学校大体上都持有他当学生时所获得的那种观念。一个参加教育实习的师范学院学生,不是作为一个学生,而应该作为未来的教师,去看学校和认识学校的教育工作。参加教育实习的师范学院学生要开始以教育学的观点来对待一切问题。在实习过程中,师范学院学生才会真正感到教师的工作是如何复杂和操心,感觉到他会遇到什么困难,并以什么方法来克服这些困难。

在实习的过程中,由于教育工作的困难,我已获得了明确而且具体的观念。但是,这些困难并不使我彷徨不安。我看到了我们的教师怎样克服这些困难。(师范学院学生的实习报告)

我在实习学校中,体验到了什么叫教育工作。这是一种最生动而有趣的工作。这种工作要求教师对于社会主义现代化的未来建设者,予以极大的注意与关怀。(师范学院学生的实习报告)

在实习学校里,师范学院生能更充分地体会到教师在教育过程中的主导作用。不管是一些优秀教师的工作,还是自身的经验,都使师范学院学生信服了这一点。

在实习期间,我认识到,教师的工作是非常光荣而伟大的。党和人民把青少年的教育工作托付给他们。学生的未来,在很多方面都受到教师工作的影响。教育工作者的工作,是一种创造性的工作。(师范学院学生的实习报告)

通过实习,师范学院学生能够学到一些教学与教育的方法。在学校中进行这种复杂的工作,一方面要考虑学生的年龄特点,另一方面又要采用个别指导来对待他们。

在实习以前,师范生要积累一些必要的知识和熟练的技巧。在实习学校进行教育工作时,师范生使用在师范院校所获得的知识,并以在师范院校不能获得的教育经验把自己充实起来。

我们的实习非常有意义而且内容丰富。通过实习我们学到了各种教学方法和教育方法,我们得到了检查自己作为一个教育工作者的能力的机会。实习把理论知识和实际工作结合起来了,使我获得了对学生进行教育工作的技能和熟练技巧。(师范学院学生的实习报告)

我获得了观察、记载和分析课堂教学的能力,学会了怎样区别课堂教学中主要的和次要的部分。经过实习以后,我能在学校进行独立的工作了。我一共上了十二堂课,并做了班主任实习。我将一生从事教育事业。(师范学院学生的日记)

实习能使每一个师范学院学生来考验一下,他选择的这种职业是否正确。当师范学院学生进入师范学院的时候,他便怀有一个成为优秀的人民教师和班主任的希望。但是,他所选择的人生道路是否正确?这个问题以及类似问题,都使每个师范学院学生有所考虑。

关于这些问题,只有到第三学年或第四学年实习之后,当他以一个教师和班主任的身份来上课并领导班级课外活动时,才可获得彻底解答。关于这一点,师范学院学生 D 这样写道:"实习给我很多东西,但最主要的,就是现在我可以确信地说,我所选择的生活道路是正确的。"

某师范学院学生在自己的日记中这样写道:"今天看来好像太平无事了。但是,在我的一生中却发生了一件大事。第一课证明了我可以当一个女教师。是的,实际上我已经是个女教师了。要知道,这还是我当小学生时候的一个幻想!这幻想现在已经实现了!"

有一些师范学院学生,在实习以前不相信自己的力量。实习能帮助他们克服这一点。"在实习以前,我还不知道,更确切地说,我还不相信我能做一个教育工作者。实习解决了一直使我烦恼的问题。当然,我自己还要多多努力学习,而且这样才是对我有好处。"(师范学院某学生)

实习可以检查师范学院学生对工作的准备程度。这在实习上课及课外活动的准备过程中,在他们去辅导、讲解和进行课外活动的时候,就能显出他们的知识、技能和熟练技巧的水平；对于教材的研究是否深刻，在哪一门科目上知识比较薄弱，会不会独立地编写教案及课外活动的计划，能否自制教具，是否能够应用幻灯机及其他各种器材。

参加教育实习的每一个师范学院学生都应当严格要求自己，努力提高自己，因为他已经被允许执行一个教师的重大职务了。

我体会到，要做一个学生爱戴的、称职的教师，就必项多方面地和坚持不懈地来提高自己，要每天不间断地工作，要关心所有的事物，要通晓自己的业务，要爱护学生。离开这些，要成为一个真正优秀的教育工作者是不可能的。此外，每一位教育工作者，必须要研究并熟悉教育学的经典著作。理论知识对于实习以至将来的教育工作都是很重要的。（师范学院某学生）

教育实习使我变得慎重地考虑问题了。我特别敏锐地感到，自己知道的东西太少了，过去把许多时间都给浪费了，或者利用得很不充分。我决定要重新来审查我的所作所为，并迅速地补偿我所荒度的时间。应该珍惜每一小时的光阴！应当学习、学习、再学习！（师范学院某学生）

总之，教育实习能帮助师范学院学生爱好教师的职业，能引起从事教育工作的愿望，能够得到教师教育教学技能的训练，并能收集到关于教育、教学方法和教育研究课题所需要的材料。教育实习对师范院校学生的主要作用，就是如此。

第三节　教育实习的实施形式

师范院校由于隶属关系不同，服务范围不同，加之受不同地区教育发展状况、学校自身的特点和教育思想观念等因素的制约和影响，各个学校教育实习的实施形式目前没有统一的模式。近年来，不少师范院校根据多年组织教育实习的实践经验和自身特点，以及服务地区的教育状况和发展水平，对教育实习的形式进行了不少探索的尝试，收到了比较明显的效果，逐渐形成了自己的特色。下面按集中实习和分散实习两大类型对几种比较常见的实习形式加以概述。

一、集中实习

一般来说，集中实习包括定点实习、模拟实习和实习基地三种形式。

（一）定点实习

定点实习是一种传统的实习形式，特点是实习地点相对比较集中。其基本做法是，按照教学大纲的要求，学生通过教育见习、实习前的校内试讲等环节以后，按照教育实习计划，把实习生安排到本校的附属学校或附近若干所固定的中小学进行教育实习。这种实习形式的优点是实习点相对集中，院校便于派教师指导，便于管理，节省经费。一般来说，这些学校大都在城镇，不少还是重点学校，其师资力量比较强，教学条件也比较好，实习生在业务上能够得到"名师"的指点，只要虚心求教，他们会有较大的进步。因此，相对而言，定点实习形式上有利于提高教育实习的质量。但是也有一些中小学，特别是重点中小学的领导和教师担心实习生缺乏教学经验,影响其教学质量,不愿放手让实习生登台讲课、做班主任工作,结果实习生实践机会很少,难以得到锻炼和提高。这是定点实习中存在的突出问题。

(二)模拟实习

模拟实习,顾名思义就是模仿教育实习的程序所进行的一项教育教学实践活动,它算不上是真正的教育实习。其具体做法是平时注重加强师范生的教师职业技能训练,加强教育见习的指导,使师范生初步具备从教的基本技能和心理准备。教育实习时,实习生不出校门,以班级或小组为单位进行实习。实习生既当教师,又当学生,既登台讲课,又听其他实习生讲课,并且在指导教师的带领和组织下进行评课。这种实习形式的优点是时间、空间限制少,人力、物力投入少,可以重复进行,逐步达到实习的目的。这种形式的缺点主要表现在整个实践活动脱离中小学教育实际和中小学教育对象,针对性差,不能真正完成教育实习的全部内容。按照教育实习的要求去衡量,这种形式不能算是真正的教育实习,它仅仅是起到课堂教学技能训练的部分作用。因此,严格地讲它只能算是教育实习前的岗位训练或预演。它是在教育实习安排困难情况下出现的一种特殊实习形式。在模拟实习的基础上再把实习生派到中小学进行教育实习,其效果将会更好。

(三)实习基地

师范院校的实习生到实习基地进行实习,是目前教育实习的最好形式。教育实习基地具有一般中小学所不具备的双重职能。教育实习基地是普通中小学校承担基础教育的职能,受当地教育行政部门的领导,同时教育实习基地又承担训练未来基础教育师资的职能,和师范院校有着非常密切的联系,有良好的学风、教风、校风,并且具备安排一定数量实习生住宿、办公的物质条件。在实习基地进行教育实习,育人的师范院校和用人的县、市教委共同参与实习生的日常管理、思想教育、业务指导、检查考核、成绩评定等教育管理工作,教育实习质量明显得到提高。在实习基地进行教育实习是许多师范院校经过多年探索和尝试总结出的一种比较有效、比较科学合理的实习形式,代表着教育实习改革和发展方向,对我们顺利高效地完成实习任务,保证实习的质量,训练和培养高素质的中学教师具有十分重要的意义。我们将在下一节对此进行比较系统的阐述。

二、分散实习

分散实习有以下几种形式:

(一)大分散实习

这种实习形式的具体做法是实习生在经过平时见习及校内试讲后,每个人与原籍一所学校取得联系,然后携带实习介绍信回原籍实习。这样做既可调动实习学校监督、指导和管理实习生的积极性,又通过实地考察和实践增强实习生发展家乡教育事业的责任感,同时师范院校也可节省人力物力。缺点是过于分散,实习生派出学校无法进行及时的指导和管理,难于保证实习质量。总体上讲,这种实习形式对于完成实习任务是弊多利少。

(二)委托实习

委托实习的做法是师范院校对实习生进行试讲把关后,全权委托生源所在的市县的教育行政部门安排教育实习。院校预先要与有关市、县教育行政部门协商,把实习生相对集中在交通比较便利、师资水平较高、物质条件比较完备的乡镇中小学进行实习。当地教育行政部门和实习学校负责实习生全部的指导和管理工作,派出实习生的师范院校只派驻联络员,代表学校教务部门进行督促检查,教课教师仅做定期巡回指导。这种形式的优点是有利于充分发挥地方教育部门和实习学校的积极性,加强他们管理教育实习的责任感,使他们认识到参加教育实习能够更多地了解当地的教育状况和特点,为实习生毕业后从事教育工作做好心理准备。不足之处是学校指导不足,信息反馈不便,不易保证质量。

(三)顶岗实习(或称双向培训实习)

这种形式的做法是让师范院校的学生实习之前首先按照模拟实习的要求经过一个阶段的岗前培训,然后下到农村中小学顶替原校教师岗位,承担两个学期的全部教育教学任务,被顶替的中学教师则到高师院校接受业务培训,使他们可以集中精力系统学习专业理论知识。其优点是把教育实习同在职中小学教师的进修有机结合起来,对师范院校来讲,解决了"实习难"的问题,对中小学而言,解决了部分教师"进修难"的问题,也有利于实习生实践中小学教育教学的全部内容,得到较多的锻炼机会。其不足之处是师范院校及实习学校对实习生进行具体指导较少,评定成绩较难,实习质量受一定影响。

顶岗实习这种形式,是特定的历史时期、特定的地区出现的一种实习模式。按照师范院校培养合格中小学教师的具体要求来衡量,这种模式不是一种完善的实习形式。当前部分师范院校先让顶岗实习生接受一段时间的教育实习工作任务,由专人指导,达到一定程度后让顶岗生完全进入顶岗实习状态。为了保证实习质量部分院校让顶岗实习生到县城中学,并且为了保证实习学校的教育教学质量,派出推免研究生和成绩优秀且要第一志愿选择教师职业的学生顶岗,效果良好。随着中小学教师学历合格率的逐步提高,它必将被新的实习形式所代替。

(四)上岗实习(或称预分配教育实习)

师范院校在学生毕业前的最后一个学期适当缩短学时数,提前结束课程,进行毕业考试。学生考试成绩合格者,预分配回原籍,由当地教育部门负责安排,分配到各中小学实习。实习结束后,成绩合格者,学校按原学制的毕业时间发给毕业证书,毕业生被直接录用为正式教师,取消常规的一年见习期。这种形式的优点是既可增强学生实习的积极性,又可以解决教育"实习难"的问题。不足之处仍是缺乏指导环节,实习质量难以保证。这种形式从严格的意义上讲也不是真正的教育实习,只是某些师范院校为了解决"实习难"问题不得已而推出的一种替代形式。

综上所述,教育实习的形式对教育实习工作的顺利进行,对教育实习质量的提高具有重要的意义。随着教育改革的进一步深化,随着教育思想、教育观念、教学内容的不断变革和更新,随着素质教育的不断推进,高师院校教育实习形式也将发生深刻的变化。

第四节 教育实习的现状

近几年,我国师范教育以比较大的篇幅研究教育实习,其研究成果最突出的当属对教育实习形式的探索。在传统的基地实习基础上探索出了定点实习、分散回母校实习、委托实习、顶岗实习、上岗实习、模拟实习、微格教学等多种实习形式。教育实习形式多样,大大地缓解了当前教育实习工作遇到的难题。

一、我国教育实习的现状

(一)教育实习在所有高等师范院校都被作为专业必修课程列入教学计划,成为高等师范教育的有机组成部分

我国历来有重视实践的光荣传统,而教育实习是师范教育的实践性环节,同样受到高度重视。现在,我国高等师范院校在最后一学年一般都要集中进行六至八周的教育实习,部分学校安排一学期。教育实习在师范院校教师和学生心中已经是很自然的事情,这说明教育实习已经深入人心,成为高等师范教育中一个不可分割的组成部分。

(二)绝大多数学校都建立了教育实习领导机构和实习指导教师队伍

调查研究表明,绝大多数高等师范院校都设立了教育实习指导委员会(或教育实习领导小组),有的还设立了专门的实习机构。实习指导委员会教育实习的改进措施一般由主管院(校)长、教务处长和各学科的教学负责人组成,负责对教育实习做方针政策上的全面统筹规划和管理。在院(校)级实习领导机构以下还设立了教育实习实施小组,负责对教育实习的具体化管理。有的院校还将当地教育行政部门和实习中学的领导吸收到实习领导机构里来,以取得他们对教育实习的支持。

在实习期间,师范院校一般都要分专业派出责任心强、教学经验丰富的教师随实习生到实习学校进行现场指导。

(三)各师范院校都制定了一系列的实习规章制度

教育实习制度化除了以必修课的形式进入教学计划外,还表现在一系列实习制度的配套实施。例如,大多数学校都制定了《教育实习办法》《教育实习成绩评定标准》《实习生守则》《实习指导教师职责》《教育实习经费管理办法》等,个别学校还自编了教育实习大纲,对教育实习的目的、意义、内容、形式、时间、要求、成绩评定等都做了明确的规定。有的学校还将这些规章制度汇集成手册发给实习生和实习指导教师,使教育实习进行起来有据可依,有章可循。

(四)实习基地建设得到较大发展

目前,许多高师院校无自己的附属学校,但由于地(市)及县(区)教育管理部门的支持,不少学校都建立了相对稳定的教育实习基地。有的还给实习中学赠匾挂牌,帮助他们加强硬件建设,提高教学质量,很受中学师生的欢迎。一些中学甚至把带实习生作为教师参加继续教育、职称评定的条件,使得一些中学争当实习基地,一些中学教师争做实习指导教师。

(五)对教育实习的研究不断深入,实习形式丰富多样

随着我国教育体制改革的不断深入,随着信息论、控制论、行动研究、教育评价等新的研究方法的诞生,对教育实习的理论研究也正在逐步深入广泛地展开。主要表现在:从事教育实习研究的专家、教师越来越多,几乎所有的高师院校都能找到从事这方面研究的教师。研究的广度和深度不断增加,研究几乎涉及了教育实习的各个方面,像实习生素质、实习生心理分析、实习评价等都是近几年才开拓的新研究领域。

二、我国教育实习目前存在的问题

我国教育实习目前虽然已经形成制度,但尚未走向规范化,仍存在不少问题。

(一)学科专业仍不重视教育实习

对教育实习的认识上,学科专业仍然只注重课堂教学,轻视教育实习,根本的原因在于忽视教师教育专业的专业性。在综合性大学里培养师范生欠缺针对性,一般来讲,为师范生开设的课程与非师范开设的专业课程没有多少差异,并且目前多数学校还不能安排足够的师范院校的教师伴随实习生,审阅实习教案、听试讲、陪实习生进行课堂教学、指导实习生进行班级管理、对实习生进行管理和成绩评定,致使师范学校的教师只能起到管理实习生的作用,由于上述认识上的偏颇,实习工作上的顾此失彼,直接影响了师范毕业生的质量,一些毕业生尽管实习成绩很高,但到岗后长期脱不了学生味,停滞期长,不能适应学校工作,教育效果不理想。

(二)教育实习时间短

我国教育实习的实践长短不一,有的学校按教学计划安排六周或八周,在实际执行中各校四、五、六周或六、七、八周不等,而且即便实习满六周或八周,如果扣除第一周的教育见习、最后半周的实习总结,实际用于教育实习的时间只有四周或六周半,只占总时数的5.6%。其原因是各学科不放手教育实习的时空(包括教育见习),更何况我们的实习往往是多个实习生集中在一个班级,有限实习时间再被瓜分一下,轮番上阵,最后落实到每个实习生的实习时间就更少。

由于实习时间短,短期行为思想严重,不但对实习学校的了解不够深入,而且导致实习内容得不到全面实践,即使实习到的内容,刚有点头绪就草草收兵回校,实习生缺少咀嚼回味的机会,对实习中发现的问题也无时间进行补救,从而影响了实习效果。

我们年级安排八周的教育实习很高兴,但是在第七周的时候发现自己才刚刚熟悉了班级和讲课,根据周历的安排第八周就要写总结和整理教育调查报告,真是觉得实习时间有些不够了。据说医学院的实习是一年,我们师范的实习为什么只有八周呢?(师范学院某学生)

(三)实习生专业思想不坚定

实习生的专业思想不坚定,主要表现在:有的学生认为教育实习仅仅是他们毕业成绩中的一项,不过是"走走过场",到下面上几节课,马马虎虎过去就行了。有些不准备从事教育工作的学生,认为实习好坏对将来的工作没什么影响,思想不紧张,压力不大,不太愿意参加实习。事实上,我国大部分高等师范学校的招生主要依靠高考,没有面试环节,因此,部分师范生的职业方向从一开始就没有定位在师范教育上,所以就免不了走过场。

(四)实习基地不足或不稳定

虽然近几年教育实习基地建设有较大发展,但是与实际需要相比仍有较大的缺口。由于教育实习客观上会对正常教育秩序和教学质量产生一定的影响,并且涉及安排住宿等问题,不少中小学不愿意接收实习生实习。所以每到实习季节,高师院校领导总要四处奔波去找实习学校。这样,有些实习学校常常是被动应付,缺乏积极性,实习学校的部分教师也由于实习指导负担重或一些其他的原因不愿意承担对实习生的指导工作。

(五)教育实习评价不客观

教育实习工作中实习学校的指导教师碍于面子对实习生的评价很不客观,不十分科学,因而造成实习生的不满和下届学生不重视教育实习的现象。

除此之外,教育实习指导力量薄弱,实习形式单一,缺少常规见习,教育实习经费紧张等,都是我国当前比较突出的问题。

第五节 教育实习的改进措施

存在上述问题的原因很多,其中有主观认识方面的原因,更多的则是客观方面的原因。为适应中小学教改的需求,就要进一步搞好教育实习,就必须进行改革。

一、加强研究,做好各部门宣传工作

目前,对教育实习的研究基本上还比较薄弱,需要尽快加强,弄清教育实习的客观规律,探索出最佳教育实习方案,不仅对实习生,还要对各级教育行政部门和实习学校做好关于教育实习的宣传工作。尤其在实习生的实习动员大会和教育实习座谈会上,把地(市)、县(区)教育行政部门和实习学校的一些领导和优秀教师、班主任吸收进来,让他们参加并共同议论,从而达到思想上的共识,得到他们更多的理解和支持。

二、实习形式要灵活多样

传统的教育实习主要是定点实习(也叫基地实习)。这种形式实习生比较集中,便于指导和管理,实习效果比较好。但是由于各地区、各高校的实际情况不同,特别是近几年政治、经济、教育形式发生了变化,这种固定的实习模式已经暴露出许多问题,比如经费紧张、实习基地难找等。因此,不少学校都在积极进行改革,探索出定向实习、上岗实习、顶岗实习、委托实习、模拟实习等多种实习形式,各校可以根据自己的实际情况,选择适合自己的实习方式。

三、增加教育实习时间

教育见习是根据教学目的的要求,组织实习生到中小学去,了解、熟悉中小学的教育和教学工作,从而使教育理论和教育教学实际紧密地联系起来。为了端正实习生的专业思想,提高教育实习的教育教学能力,各级高等师范院校有必要调整教师教育专业的课程设置,增加教育实习学时和教育实习的次数和种类。

四、建立稳定的实习基地

目前,我国大部分高师院校没有附属学校,使得师范院校实习、见习没有固定的主战场,就不能随时向实习生提供实习机会,也不便于双方的协调管理和信息反馈,只能打一枪换一个地方,是影响教育实习质量的一个主要原因。要建立稳定的实习基地,首先要

得到当地教育行政部门和学校的理解和支持,选择那些指导力最强、校风校纪好、师资水平高、交通便利、具有食宿条件的学校作基地,同时师范院校应端正办学指导思想,克服短期行为,开展长期互惠合作,帮助实习学校提高教育教学质量,以良好的信誉和高质量的教育教学效果获得实习学校的信任,从而把实习基地稳定下来。

五、科学评定实习成绩

高分低能现象在教育实习成绩评定中司空见惯,降低了教育实习评价的可信度。虽然教育计划中都规定教育实习成绩不合格者不能毕业,但事实上因实习成绩不合格而不准毕业的实例极其少见。只要参加实习,实习成绩普遍很高,这是一种不正常现象。为了提高实习生对教育实习的重视程度,引起实习学校对教育实习的认识,有效地评定每个实习生的实习成绩并从中了解实习生及师范生指导中存在的问题,有必要对实习学校单一的评定方式进行改善。实践表明,采用实习学校和师范院校共同按一定比例评定成绩的方法,不仅有利于较科学地评定实习成绩,同时也有利于师范院校对实习生进点和撤点后的教育、教学能力的比较分析。

总而言之,教育实习已经成为师范教育的一个有机组成部分,受到国家和师范院校的高度重视。现在我国的教育实习已基本上形成制度化,但尚未走向规范化,还存在不少问题,这些问题只有通过改革才能得以解决。

第七章　师范生就业技能培育

第一节　教学设计与教案编写

教学设计是为促进学生学习而做的对教学系统的各个要素(学生、教师和课程资源)的功能、关系和运作方式的规划。具体来说，就是在课堂教学开始之前，依据课程标准的基本观点和教学建议，依据课程内容主题、学生特征和环境条件，通过对教学过程的系统分析，确定合适的教学内容，创设一种教学活动模式，并形成有序的流程，以指导教学工作的有效实施。简言之，教学设计涵盖教学中"教什么"与"怎么教"两个最基本的方面，是为了促进学生学习和发展而设计的解决教与学问题的一套系统化程序。

一、教学设计的基本要求

随着基础教育课程改革的深入，教学设计成为广泛关注的研究和实践领域，教师应该成为教学设计者。

在传统的教学设计向新课程教学设计的转变过程中，知识教学观改变为新课程的发展教学观，因而对教师进行课堂教学设计也有了新的要求。

(一)教育性

课堂教学的根本任务是育人。在教学设计时，以提高学生的科学素养为核心目标，为了每个学生的发展，不仅要传授知识与技能，还应该让学生体验学习的过程和方法，在情感态度与价值观方面获得正确的认识。

(二)系统性

课堂教学是教师行为、教学内容与学生行为的相互作用，是一种复杂的知识性、社会性和心理性的交互过程。因此，在教学设计时，设计方案应周详完备，各环节衔接紧密，各要素协调配合，安排合理，成为和谐统一的有机整体。

(三)可行性

课堂教学设计应该既要符合教师的实际，又要符合学生的实际，还要符合教学环境条件的实际。符合实际的设计方案才便于操作。当然，不可忽视信息技术手段的重要作用。现代教育技术突破了时空的限制，能营造生动形象的物理情境，变传统教学中的不可行为可行。

(四)有效性

学生是课堂教学的主体，要使教学效果好，在进行教学设计时，不但要优化教学目标、教学方法和教学手段等,更重要的是要关注教学对象——学生。在学习者分析上,要关注学习的准备状态;在师生角色上,强调突出学生的学习活动,重视学习方法的指导。值得注意的是,任何方案在经过实践后都有可供修改补充完善的地方。只有善于不断总结经验,精心修改方案,在优化课堂设计方面不断努力,才能取得一定条件下最佳的教学效果。

二、教学设计中的情境设计

教学情境的设置是为了安排学习的外部条件,确保意义学习的发生。要想提高课堂教学效率,应针对教学目标(或学习结果)安排(设置)一些特定而合理的教学情境。设置的教学情境可以多种多样,结合学科教学特点和新课标理念,重点介绍以下情境设置。

(一)课堂教学中的常境设置

不管什么类型的课,经过教学实践可知:在一堂有效的课堂教学中,通常应有以下情境设置的考虑。

1.引入课题,明确教学目标

要唤起和控制学生注意,使学生接受刺激和促进学习的发生,常常是通过不同手段设置物理情境:教学语言的变化;姿体语言的夸张;实验的演示;媒体的播放,等等。往往通过新课引入的情境可以刺激学生回忆先前的知识技能,明确所学新知识是什么,利用新知识能做什么等教学目标。

2.展开课题,强化新知识的掌握

在展开课题阶段,可以呈现一些刺激材料来突出选择新知觉的各种特征,如图片、流程图、视频、实物,甚至是板书、板画等。通过这些物体和情境的鲜明特征,可以强化学生学习新知识,促进掌握程度。当然,在呈现这些情境时要注意其顺序的安排和每次呈现的分量。在传授新知识的同时,还必须提供学习指导。给出恰当的例题,启发学生积极思考,将认知结构中原有的相关概念或规则进行合理的重新组合,形成解决问题的思路。接下来可以安排与例子相同或相似的"同步练习题",可以是书面的也可以是口头练习,留足够时间思考和练习后,进行及时评价,通过反馈信息,学生能知道自己的理解与行为正确与否,以便及时改正。

3.结束课题,促进学习的保持与迁移

当信息或知识需要回忆时,存放在一个有意义的背景下的知识信息恢复得最快最有可能,且提取信息的途径也相对较多。所以在课题结束时,应设置有效情境,帮助学生去记忆当堂课的相关知识,如布置巩固练习题、归纳总结知识结构的图表、提供相关视频媒体等。

除了掌握当堂课的新知识,更重要的是学习的迁移,要使学生能进行有效的正迁移,就应为学生提供各种各样的新任务。这些新任务需要把所学知识运用到那些与学习情境在本质上有所不同的新情境中去。

在课堂教学各环节中,根据需要设置不同情境,其中媒体的设置和问题情境的设置尤为重要。

(二)课堂教学中的媒体设置

根据教学需要,媒体设置可以安排在课堂教学的各个环节中。利用设置教学媒体可以在课堂教学中实现下列目标。

1.提供实物,展示事实

提供实物、器材、图片,事物变化过程,甚至是自然或社会的真实事件等,使学生获得感性认识,便于识记。

2.创设情境,提供示范

根据学习内容,提供相关的研究背景,学生通过感性材料,形成表象,归纳概括知识和形成概念和规律,并且通过模仿和练习来提高能力。

3.呈现过程,设疑思辨

利用媒体展示过程,巧设疑点和问题,以此作为学生分析、思考、探究、发现的对象,从而掌握解决问题的方法和步骤。

随着计算机的普及,越来越多的教师会在教学中主动去使用多媒体技术,但应注意所使用的多媒体应避免以下问题:

① 视频资料图像不清晰,声音模糊;

② 动画太花哨,不逼真;

③ PPT 色彩太鲜艳,声音嘈杂;

④ 媒体的使用与教师的讲授时间不协调(太快或太慢),内容联系不够紧密。

(三)课堂教学中的问题设置

美国著名学者加里·鲍里奇认为:"任何口头的说法或者手势,只要引起了学生的回应或回答,就被看作是问题。如果这种回应或回答能让学生更积极地参与学习过程,那么这个问题就是有效的问题。"[①]

课堂教学中,问题设计的目的不外乎:

①引起兴趣和吸引注意力;

②发现问题及检查;

③回忆具体知识或信息;

④课堂管理;

⑤鼓励更高层次的思维活动;

⑥组织或指导学习。

这六条归为一点,那就是:以触发或形成学习者的回应为目标,一个好的问题应当是一个高级组织者,它为紧随其后的回应提供一个框架。

在课堂教学中,设置的问题常从如下几方面考虑。

(1)只要求学生回忆已经学过的知识点,联系熟悉的事例,则用问题结构良好、定义明确,有明确解题途径和少数几个答案的简单而封闭的问题。

(2)要求学生从多角度思考,对问题作深入分析、判断和进一步的数学抽象等,则用问题结构欠缺、定义不明确、无明确解题途径,或需经历复杂思维才能解决的复杂而开放的问题。

(3)先提复杂而开放的问题,激发学生思考,再依课堂具体情况提降低难度的下一级问题,最后是简单而封闭的问题。每个问题的提出都给学生思考的时间,调动学生主动参与思考。

当然,对于初为人师者来说,在提问过程中要注意避免以下问题:

(1)不要提出可能有多种答案的复杂的或模棱两可的问题;要准备接受正确的然而是异常的答案,特别是提出开放性问题时。

(2)不要阻止学生把回答说完,就算是错误的回答。应该以部分正确或错误的回答为基础,激发进一步澄清、启发新的信息,或对回答进行重新导向;事先应该想好你为什么问这个问题,明白问题所要求的行为复杂性的程度。

(3)不要在还没有做出探询之前就自己给自己的问题做出回答。为了让学生积极参与学习活动,教师提出一个新的问题或转向下一个学生之前的等候时间和问题本身一样的重要。因此,一定要给回答问题的学生有足够的思考时间。研究表明:对诸如识记、理解之类较低复杂层次的问题,应该把等候时间至少增至三至四秒;对诸如综合、评价之类较高复杂层次的问题,则应增至十五秒。研究还表明:足够的思考时间即更长的等待时间,能导致更长的回答、更多的自愿回答、行为复杂性更高的回答、更多的来自学生的问题,以及学生对回答更大的信心。

(4)不要使用问题来作为一种惩罚或让学生尴尬的方式。这种对问题的不恰当的使用往往不能改变学生的不当行为,问题只是一种教学的手段,应该被用于特定的目的。对问题的不恰当的使用或者将它用于其他的目的都会影响你的学生对问题的看法和态度。

三、教学设计过程

教学设计过程既是系统化的过程,又是充满创造性的过程。但对于任何一位教师而言,只有做好了充分的准备,才可能在此基础上有创新的教学设计,有详尽完整的教案。

(一)备教材

教学设计的首要任务就是选题和设计教学目标。备教材就是为这两方面做准备,认真对教学内容、教学资源做分析与准备。具体来看,可以从以下几方面着手。

1.课程目标

课程标准在知识与技能、过程与方法、情感态度与价值观三个维度上提出了课程的具体目标。在教学中,课程目标的三个维度不是相互孤立的,它们都融于同一个教学过程之中。在确定某一节的具体目标时,应当考虑:一般目标与具体目标相结合,集体目标与个人目标相结合,难度适中,便于检测。

值得注意的是,教师在对教学中某一个主题进行目标进行分析时,往往容易偏重于知识与技能目标,而忽视其他两维目标。即使对知识、技能目标进行分析时,也容易侧重于具体的知识点,而忽视从知识结构和相互联系的视角进行分析,以及从统一科学概念和原理进行分析,因此,需要努力挖掘课题的深层次目标。

2.教材内容

教材是教学的主要内容的呈现,分析教材内容是教学设计的重要环节。

3.教学资源

教材已不是唯一的教学资源。在对教材进行分析的同时,还应尽可能地开发和利用其他教学资源,做好充分的课前准备。比如:利用身边器材自制教具进行实验;利用网络资源收集相关信息资源;利用多媒体技术优化和丰富课堂教学,等等。

(二)备学生

学生是教学对象。教学设计要以学生的发展为中心,以学生的学习为中心。注重从学生的生理特点和心理特点出发,激发学生的学习兴趣和动机,切实给他们提供参与教学活动的时空条件;注重从学生心理发展的角度来分析和处理教学过程中出现的矛盾和问题;注重学生的个性发展和创造能力的挖掘。

在进行教学设计时,主要分析学生的以下几方面。

1.学生的认知特征分析

认知特征包括学生的感觉和知觉的理解性和整体性。在进行教学设计时,教师应该根据所教班级学生的这些认知特征设计合适的教学过程。

2.学生的认知能力分析

认知能力分析应包括预备技能分析和目标技能分析。通过分析,了解学生是否掌握或部分掌握了教学目标中要求学会的知识技能,以及分析了解学生存在的错误的前概念或思维障碍等,从而确定目标技能是否合适,如何调整等。

作为教师应该关注学生的认知起点。因为每个学生文化生活背景的差异,会对学习的认知起点造成差异。需要我们事先采取适当的方式去"摸底",以预测多数学生的认知起点和可能实现的教学目标。

3.学生的情感特性分析

通过分析,了解学生参与学习过程的动机作用程度,这种程度既与前面学习的成就有关,又与学生在学习过程中的感受有关。在进行教学设计时,教师应关注学生学习的情绪状态,了解他们对学科的兴趣和好奇心,及时克服学生在学习过程中遇到的挫折或内心冲突,帮助学生感受概念、规律、结构、方法和语言的简单美、对称美、和谐美。同时,教师可以在总结前面学习的基础上,对新知识的学习特性进行分析,从而对学生的情感做出预测。

(三)备教师自己

随着课改的进一步推进,新课标教材的实施,要求教师是一个创造者、引导者、解惑者,是学生的合作伙伴,是学生学习的促进者。因此,在自主学习、合作学习与探究学习为主的课堂教学中,教师在教学中的职责是:

①帮助学生检视和反思自我,明确自己想要学习什么和获得什么;

②帮助学生寻找、搜集和利用学习资源;

③帮助学生设计恰当的学习活动;

④帮助学生发现他们所学东西的个人意义;

⑤帮助学生营造和维持学习过程中积极的心理氛围;

⑥帮助学生对学习过程和结果进行评论,并促进评价的内化。

要做一名合格的教师,应具备一些必需的知识条件:

①坚实的专业知识基础;

②熟悉教育目标体系,深刻理解课程标准;

③了解知识结构；
④学习必要的心理学的基本概念和原理；
⑤熟悉教学过程和教学策略等。

作为教师，在进行教学设计时，我们应当自问：应该教什么？怎样教？为什么这样教？比如，对每节课，事先要拟出"三维"教学目标。如果哪一部分的内容，自己还把握不准，会请教别人或参阅大量的参考书。努力使选择的内容既符合"新课标"要求，又切合学生实际。需要做的演示实验、需要表述的科学方法、需要补充的科学史实，都事前做充分的准备，这是在"教什么"方面备自己。

对该节课，需要创设什么样的问题情境、举什么样的生活实例？怎样在课堂上调动学生的积极性？什么样的板书板画、例题作业更符合学生的认知水平，更具针对性？思考这些问题，是在"怎样教"方面备自己。

教学设计中思考：我这样做能不能引起学生的注意和兴趣？符合不符合学生的认知心理和认知水平？能否让学生体验过程和方法？能否让学生领悟其中的科学美并能鉴赏美？这是在"为什么要这样教"方面备自己。

四、教学设计的书面呈现方式——教案

教师在进行课堂教学设计的初期，想的东西往往是不定型的，写出来的教案才算是有型的教学设计。编写教案是把精心设计的教学方案定型化的过程，教案是教学设计的书面呈现方式，是教师备课的总结、上课的依据，也是检查备课质量和教学效果的参考。认真编写教案是积累资料、提高业务水平和教学能力进而提高教学质量的手段。

教案与讲稿不一样，讲稿最理想的状况是根据课程标准和教科书梳理过的系列化的教学内容。它与教案的区别在于：讲稿侧重教学内容上的选择与撰写，而教案偏于教学方法、教学安排、教学效果上的设想与构思，例如，如何确定教学的重点、难点和关键，如何有效地加以利用教学的时间和空间，如何选择和灵活运用教学方法与现代化教学手段，如何恰当安排教学步骤，一环扣一环地将教学引向高潮，如何渲染和制造氛围……倘若从影视艺术的角度打比方，讲稿类似于剧本，而教案犹如策划，像导演的分镜头脚本。讲稿和教案，其实是密不可分的。因为一定的教学内容，必须通过恰当的方法和形式，才能收到较好的效果。为了达到良好的教学效果，实现内容与形式的统一，既要有讲稿，又要有教案。

常常有教师认为 PPT 就是教案，也有些老师上课就以 PPT 为依据展开，在这一点上它也确实起到了教案的作用，成为部分教师上课的依赖，所以出现了没有 PPT 就无法上课或严重影响教学效果的状况。但 PPT 并不是教案，它也不是讲稿的搬家，上课更不是照读 PPT。PPT 是教学的重要手段，也是备课的一部分，它可以通过图片，切换到资料，链接到视频、网络，使教学更加直观、形象，使教学内容丰富，增强教学效果。但它也有局限性，它不是一节课的具体执行计划，因为它没有关注学生，缺乏教法与步骤的设计和策划。

（一）教案编写的前期准备工作

1. 认真进行备课

提到教案有人就想到了备课，甚至有人认为备课就是写教案，其实这是不对的，备课

要做很多工作。备课是教师根据课程标准的要求和本门课程的特点,结合学生的具体情况,选择最适合的表达方式和顺序,以保证学生有效地进行学习。

备课是教师教学工作的起始环节,也是上好课的先决条件。它可以帮助教师加强教学的预见性和计划性,以保证在规定的时间内完成规定的教学任务。

2.如何进行备课

(1)钻研课程标准、教材和参考资料。

首先,要熟悉课程标准。课程标准是教师备课的指导文件。熟悉课程标准可以帮助教师弄清本学科的教学目的;了解本学科的教材体系和基本内容;明确本学科在能力培养、技能操作、思想教育和教学法上的基本要求。

其次,要钻研教材。教材是教师备课和上课的主要依据。钻研教材就是要熟练掌握教科书的内容,把握知识的体系结构,分清重难点,确定每一节课的内容和要求,在教学中重视培养本专业未来工作岗位所需要的能力。

再次,要阅读参考资料与实验指导书。通过阅读要达到"懂""透""化"。"懂"是对教材的基本思想、基本概念都要弄清楚。"透"是指透彻地了解教材的结构、重难点以及必须掌握的专业技能,能自如操作、应用。"化"是教师的思想感情和教材的思想性、科学性结合在一起,知识和技能结合在一起,理论与实践结合在一起。

(2)了解学生。

了解学生包括了解学生已有的知识、技能;了解学生的兴趣、需要与思想状况;了解学生的学习方法和习惯;了解和预见学生学习新知识时会有哪些困难,可能产生哪些问题,要采用哪些预防措施。教师要注意学习内容的实用性、操作性,学生对纯理论的说教不感兴趣,希望教师教学中多一些干货,少一些水货。只有这样学生上课才愿意听并听得懂。

(3)设计教法。

设计教法主要是解决如何引导学生掌握本课教学任务所确定的知识和技能的问题。第一,教师的教法设计。设计教法时主要考虑如何组织梳理教材,讲哪几个问题,如何展开;如何灵活运用各种教学方法和现代化教学手段;如何引起学生的兴趣;如何创设课堂氛围,引导学生愉快地学习;如何设疑、质疑、释疑;如何安排教学进程中的活动等。第二,学生的学法指导。学生的学法指导是在教师研究学生学习基础及学习能力的基础上,结合课程特点,一方面精心设计课程学习问题、问题探究方法、学习展示形式;另一方面设计和布置学生预习、复习、翻转课堂、社会调查等形式的作业,让学生在课外自主学习。例如,课堂学习活动中通过看演示、视频,由学生提问题,然后展开讨论;通过看教材,教师进行启发引导,让学生进行总结和概括;设计课堂讨论题,引导学生积极参与讨论,让学生主动体验并学会表达,小组派代表汇报讨论结果;让学生动脑动手,随学随练,通过练习,深化学习内容;精心安排课外作业,复习巩固课上所学的知识,将其转化为技能技巧。

(4)写好计划。

为了使教学有条不紊地进行,提高课程教学效果,必须有明确而具体的计划。在编写教案时,必须有明确的计划安排。

第一,写好学期教学进度计划,即课程授课计划,写完后需要教研室(系部)和学院进行审批。课程授课计划由教师在开学之初进行填写,是对一学期内容的备课,它包括学生情况简要分析、本学期(年)的教学要求、教材的章节或课题、各课程的教学时间、所应采取的教学手段、需用的教具、参观实验及作业的安排等。

第二,写好课题计划,即对教科书上的一章、一个项目或一个单元进行的备课,是一章、一个项目或一个单元开始时进行的,内容包括课题名称、本课题的目的要求、课题的课时划分、每一课时的教学任务与内容、上课的类型、教学方法、教具的运用等。

第三,写好课时计划,即对每一节课的准备。这是学期备课和单元备课的具体化,要考虑到本节课的教学目的与要求,确定课程的类型、结构、教学方法的运用等要素,在此基础上写出教案。

综上所述,教案是在钻研教材、了解学生、设计教法工作的基础上,制定出学期教学进度计划和课题计划,然后再进行编写的一节课的具体执行计划,是对每一节课的准备。教案是将备课的结果用文字记录下来,是备课中最具体的一步。

(二)教案的基本内容

教案的编写,除了要有授课班级、学科名称、课题、课时、授课时间、上课类型、所需教具外,还应重点写清楚以下几个方面。

1.教学目的

教学目的也称教学目标或教学要求,具体规定本节课所要传授的基础知识、所要培养的基本技能,所要发展的基本能力以及所要完成的思想政治教育的任务(一般从知识与技能,过程与方法,情感、态度与价值观三个维度来确定)。教学目标的确定要切合课程标准与教材的要求,也要符合学生已有的知识基础与接受能力,必须具有可行性、操作性和可检测性。

2.重点、难点分析

备课时要吃透教材,明确本节课完整的知识体系框架和教学目标,并根据学生原有的知识基础和接受能力,在此基础上做出预见,确定本节课必须解决的关键性问题及学习时易产生困难和障碍的地方,这就是教学的重点和难点。教学设计时必须删繁就简,突出重点,以便让学生轻松、清晰地掌握知识和技能。要分析学生知识构建和技能内化时遇到的难点,找到问题的症结,通过铺垫、启发、分析等方法,化解难点,也可借助现代化教学手段,从新的角度思考来破解难点。

3.教学过程

教学过程是教案的核心部分,包括教学内容的具体安排、教学步骤的确定、教学方法与手段的选择、时间的分配等。它可以按照以下几个步骤进行:

(1)导入新课(约5~10分钟)

温故而知新,教师提问与引导复习上节课内容,学生回答教师问题,随老师讲授进入对新课的了解。目的是引入新的授课内容,调动学生学习兴趣,便于学生对内容的把握。其中须注意考虑以下问题:①设计是否新颖活泼?是否能激发学生学习新课的兴趣?②怎样进行?复习哪些内容?③提问哪些学生?需用多少时间?

(2)讲授新课(约20~25分钟)。

结合课前预习,教师自然转入新课学习内容,教师利用PPT和板书展示基本概念和基本理论(板书设计)。教师在讲授新的内容时,要把握教学节奏,对课程重点与难点给予充足的时间讲解清楚,学生认真聆听老师的讲授内容,教师要不时地以提问等方式,了解学生对知识点的把握情况。讲授新课部分是课堂的重点部分,要把握好以下问题:①如何针对不同教学内容,选择不同的教学方法?②怎样提出问题,如何逐步启发、诱导?③教师怎么教?学生怎么学?详细步骤安排以及需要用的时间。

(3)巩固练习(约5~10分钟)。

教师要引导学生对设定话题提问并开展讨论。教师引导学生回顾本次授课内容,开展相互讨论,目的是通过相互学习加深理解,通过解疑释难促进对讲述内容的掌握。教师也可通过部分学生黑板板演或者课堂小练习的形式,了解学生学习的具体效果。在巩固练习环节,须注意的问题有:①练习设计要精巧,有层次、有坡度。②怎样进行?谁上黑板板演?③需要多少时间?

(4)归纳小结(约5分钟)。

总结学习内容,教师结合板书口头总结本次课内容,帮助学生理清本节课知识点结构,强调重点、难点的内容,介绍涉及的相关参考书。学生随老师总结快速记忆和复习。目的是全面总结复习,为下次课做好准备。在此环节,教师要思考以下问题:①怎样进行,是教师还是学生归纳?②需用多少时间?

4. 板书设计

板书设计包括PPT呈现的内容和教师主板书的内容:

(1)PPT呈现的新课内容应简明扼要,提纲挈领,随教学逐步呈现,不宜过于详细,否则学生没有时间看,来不及反应,也来不及思考,更来不及记录。

(2)为配合PPT教学,提倡板媒结合,一般主板书的内容应是教材中最重要的提纲挈领式的内容,根据板书内容学生可以回忆起本课所讲的全部内容,如讲课的二级提纲、重要时间、地点、人名等。板书应工整、清楚,让所有学生看得清。

5. 作业布置

在编写教案时教师要恰当选择作业的内容与分量,要根据知识的重难点以及学生的掌握情况,考虑以下问题:①布置哪些作业内容。要考虑到课本知识巩固积累和运用,兼顾知识的拓展性与学生运用技能和能力的培养。②教师要考虑需不需要给学生以解题提示、点拨或必要的解释。

(三)教案编写的基本原则

教学是一种创造性劳动,一份优秀教案是编写者的教育思想、教育智慧、动机经验、个性特点和教学艺术的综合体现。教师在写教案时,应遵循以下原则:

1. 科学性原则

所谓科学性,就是教师要认真贯彻课程标准精神,遵循教育教学发展规律,按教材内在逻辑结构,结合学生实际来确定教学目标、重点、难点。设计教学过程,应避免出现知识性错误,这是教案编写的首要原则。那种远离课程标准,脱离教材完整性、系统性,随心所欲另搞一套的教案是不可取的。一个好教案首先要依标合本,具有科学性。

2. 创新性原则

教学有法,教无定法。教材是死的,但教法是活的,课怎么上全凭教师的智慧和才干。同一章节内容,可以采用不同的教学方法进行讲授。每位教师在备课时要去学习大量的参考材料,充分利用教学资源,听取名家指点,吸取同行经验,但最终课还是要自己亲自去上,这就决定了教案要自己来写。教师备课使教学内容从课本内容到胸中有案,再到书面教案,继而到课堂实际讲授,是对教师教学基本功和教学能力的综合考量,是一种教学智慧的运用。教师在自己钻研教材、广泛涉猎相关教学参考资料的同时,学习如何选择为教学目标服务的素材,如何消化吸收有利于教学效果提升的好的经验和方法,如何通过巧妙构思、精心设计,最终破解重难点,这些都是对教师个体创新能力的考验。

3. 差异性原则

由于每位教师的知识、经验、特长是千差万别的,学生的知识基础、生活阅历、个性特征也都是不一样的,教学工作是一项创造性的工作,因此,写教案不能千篇一律。在分析教材的基础上,要结合本地区的特点、自身的特长、学生的具体情况,具体问题具体分析。教师要发挥自己的聪明才智和创造力,根据不同学情、班情而编写出适合的教案,做到因地制宜,因材施教。

4. 艺术性原则

所谓教案的艺术性就是构思巧妙,能让学生在课堂上不仅能学到知识,而且得到艺术的欣赏和快乐的体验。教案要成为一篇独具特色的"课堂教学散文"或者是课本剧。所以,教师要一切从实际出发,充分考虑教案的可行性和可操作性,简繁得当,开头、经过、结尾要层层递进,扣人心弦,达到立体教学效果。教师的说、谈、问、讲等课堂语言要字斟句酌,该说的一个字不要少说,不该说的一个字也不能说,做到安排恰当。

5. 可变性原则

由于教学面对的是一个个活生生的有思维能力的学生,又由于每个人的思维能力不同,对问题的理解程度不同,常常会提出不同的问题和看法,教师又不可能事先都预料到。在这种情况下,教学进程常常有可能离开教案所预想的情况,因此教师不能死抠教案,把学生思维的积极性压下去。要根据学生的实际改变原先的教学计划和方法,满腔热忱地启发学生的思维,针对疑点积极引导。为达到此目的,教师在备课时,应充分估计学生在学习时可能提出的问题,确定好重点、难点、疑点、关键。学生能在什么地方出现问题,大概会出现什么问题,怎样引导,要考虑几种教学方案。出现打乱教案现象,也不要紧张。要因势利导,耐心细致地培养学生的进取精神。因为事实上,一个单元或一节课的教学目标是在教学的一定过程中逐步完成的,一旦出现偏离教学目标或教学计划的现象也不要紧张,可以在整个教学进度中去调整。

(四)关于教案的问题探讨

1. 教师能否"越"案半步?

教案是教师上课的依据,但它不是固定不变的,上课也绝不是按图纸施工,教学中存在很多变数,课堂中会有意想不到的突发事件,所以教师必须有教育机智,在课上要因材施教,因势利导,一节好课往往是在师生互动中生成的。这离不开事前的精心设计,离不开课前大量的准备工作。因此,才有"课上十分钟,课后十年功"的说法,如果我们注意会发现凡是课上得好的老师,在生活中总在备课,在收集上课资料,教案也在不断修改。正因为教师在教案上下足了功夫,吃透了教材与学生,在课上才能随机应变,万变不离其宗,始终围绕教学目的,大体不离教案,而不会出现"放出去,收不回"的结果。

要注意的是另一种情况,把教案当一种形式,由一位比较好的教师执笔,采用规范形式编制教案,其他同课程教师都用这个教案,通过复印,年年套用,不同班级、不同学生采用同一教案。教师讲课还是各行其是,与教案不一致。此时教案只是应付检查的一种形式,根本起不到应有的作用。

2.写出教案是备课的结束?

教案写好以后,备课并没有结束,还有一个熟悉教案的工作,特别对新教师和年轻教师来说格外重要。授课老师在上课时,主要精力除了讲课外,还要考虑学生的学习基础和学习习惯,不时观察学生的反映,调整教学内容,变换教学方式,营造教学氛围,活跃课堂气氛,还要不断组织教学,随机应变处理课堂违纪事件。所以课前一定要对教学内容非常熟悉。

怎样熟悉教案呢?可以通过在头脑中默想将要讲的内容:一共讲几个问题,先讲什么,后讲什么?在讲第一问题时,准备讲几点,要突出哪一点,如何展开?学生如果不懂怎么办,如何换一种方式?像这样一个一个问题过一过。

要通过默想提前进入课堂教学情境,一步一步展开教学,设想要讲的内容学生愿不愿意听,如果不感兴趣,如何采用学生喜闻乐见的形式,如何采用简洁明了的方式,或者创设情境由学生来说,或者通过组织讨论来解决。

默想时要考虑所讲内容之间的衔接,要自然地由一个问题转入下一个问题,环环相扣,使之具有逻辑性与系统性。还要考虑讲得是否清楚、明白,有没有更好的表达,各部分是不是围绕教学目标,比重是不是恰当,有没有喧宾夺主。

经过推敲没有问题后,在不看教案的情况下再从头到尾在头脑中过一遍,如果通畅,没有新问题,熟悉教案就可以了。如果发现新问题,就要寻求解决方法,仔细推敲,确定后在教案上做出记号,重新将教学内容在头脑中过一遍。有些责任心强的教师上课当天早晨,还将教学内容在头脑中默默过一遍。

3.理想的教案是什么样的?

理想的教案不在于外表的漂亮、印刷的精美,而是看起来经过多次翻阅,显得很旧,上面有多次涂改、补充和更正,有醒目的标志,有红笔划杠的教案。这才是真正上课用的教案,是教师上课的依据,而不是应付检查的摆设。

另外,理想的教案应有"课后反思"这一栏,记录教师上课后的感想,不管课前考虑如何周到、细致,教学总会出现意想不到的情况,所以课后及时思考上课中发现的问题,记录下在课后进行反思就非常重要了。如教学是否适合学生的需要与水平,备课时还有哪些问题没有考虑到,课上哪几处没有讲清,哪些地方强调还不够,从上课效果看有哪些地方需要改进等。教师的教学不是一次性行为,记录下课后的感悟、自己亲身的经验和教训,对下一轮教学的改进和教学效果的提高无疑具有重要的作用。

第二节 课堂教学技能

课堂作为教师教学的主要阵地,是教师教书育人的最前线。课堂教学成功与否直接决定了教师的教学效果,是师范生专业发展中的关键。上好课不仅是一门技术,更是一门艺术。

一、课堂教学艺术

(一)什么是课堂教学

课堂教学与"个别教学"相对,把年龄和知识程度相同或相近的学生,编成固定人数的班级集体,按各门学科教学大纲规定的内容,组织教材和选择适当的教学方法,并根据固定的时间表,向全班学生进行授课的教学组织形式。

(二)课堂教学艺术的魅力

有一位教育专家曾经说过:"成功的教师分两种,一种是学术型,一种是表演型。"相信很多人赞同这个观点,但教育界的学术研讨中,对教学表演艺术的理论,均提及不多,多数研究方向是教育的"科学""技巧"和"手段"。事实证明:两位教师,采用同样的教学方法和教学工具,但由于两人的语气、表情等个人魅力的因素差异,会产生截然不同的教学效果。这就是表演艺术的水平差异造成的。教师上课时,面对的是几十个甚至上百个学生,他(她)首先要做的,是能抓住学生的眼球,能牵引学生的思路,能控制上课的节奏,教师的语言绝不能平淡枯燥,教师的表情绝不能呆板无趣,教师的肢体动作绝不能一成不变。想让一堂课精彩生动,教师与演员何异?所以说,真正能称得上"大师"的教师要想上好一门课,一定要重视学习和研究表演艺术,成为"演技派"教师。

一节成功的好课,与教师的教学艺术是密不可分的。在课堂教学中,教师若能掌握、发挥好课堂教学的各种教学艺术,必然会收到良好的教学效果。

1.语言表达艺术

教师的语言艺术在课堂教学中具有重要地位。优美、流畅、动听的语言能够牢牢地吸引学生的注意力,使整个课堂教学处于一种张弛有致、轻重适度、缓急合理的良性状态。这种优美的语言艺术应表现为:声音洪亮、抑扬顿挫、语速适中、生动准确、娓娓动听。在教学中若能根据不同的教学内容恰到好处地运用语言艺术,灵活多变地设置各种不同的教学情境,诱导学生"入境""动情",必然有助于激发学生的学习兴趣,获得良好的教学效果。

2.创设情境艺术

在课堂上教师一定要排除一切杂念,以饱满的精神状态和教学激情全身心地投入课堂教学当中,这样不仅可以为学生创造一种气氛热烈、趣味盎然的学习情境,而且还能使学生由于受到教师教学激情的感染而全身心投入学习中去。在这样轻松愉快的教学氛围中,教师既能保持清晰流畅,又促使语言生动活泼,还能使学生的学习情绪饱满、思维活跃。

3.教态表现艺术

教态是教师讲课时的心情、表情、动作、神态、姿态等体态的表现,是伴随教师开展课堂教学的一种重要辅助手段。学生在课堂上不仅要通过教师有声语言的讲解而"察其容",而且还会通过教师的教态而"观其色"。因此,教态对教学的效果,起着非常重要的作用。教师的教态艺术表现在:

(1)得体大方的饰态。

教师进入课堂,学生首先观察教师的服饰仪表,一般而言,教师的课堂服饰一定要整齐、清洁、庄重、大方,切忌奇装异服,美艳俗气,从而影响学生上课的注意力。

(2)恰如其分的姿态。

人们常说:"情动于中而形于外。"学生可以根据教师站或坐的姿势、手势和动作,推断出教师对这堂课大概的态度、情感和兴趣,主动地配合教师搞好课堂教学工作。第一,开放式姿势。教师开放式姿势站立时需两手和两脚不交叉,身体稍微前倾,这样教师给学生的感觉是坦诚可信的,表明他在很乐意、热忱、活泼、不拘谨地给学生上课,并愿意接受学生的提问和帮助学生解决疑难问题。如果取封闭式姿势,即站立时两手交叉,则表明教师对学生持怀疑、审视、静待、冷漠、轻慢、保守的态度,显然是不可取的。第二,适当地走动。一般来说,教师的走动以围绕讲台为宜。走动幅度过大,会使学生过多注意教师的走动情况,分散听课的注意力。当然在与学生讨论问题、阅读课文或考查测验时,可走下讲台观察学生的情况。走动时须稳健、庄重,避免身体触碰学生和课桌、文具,更不能碰撞出其他声音,造成学生的哄堂大笑。第三,做到"坐有坐相、站有站样"的效果。在课堂上教师应注意自己的每一个细小动作,站时身板挺直,昂首挺胸,显得端庄、伟岸,使学生从心理上感到既庄重又轻松。第四,在学生回答问题时,保持适当的距离,尽量避免给学生造成不必要的心理压力。对于不善于发言或比较胆怯的学生,要恰到好处地点头微笑,尽管点头不都是表示赞同,但这种动作能有效地鼓励和示意学生继续谈下去。第五,适当地打手势。因为打手势往往反映教师具有积极情绪,是重视课堂教学和乐意给学生上课的象征。但是,打手势太多、太频繁,则可能给学生留下浮躁、不端庄的印象,学生的反应也是不满意的。第六,不要用一根手指来指着学生。尤其是在学生回答问题时,因为教师在课堂上用一个手指指着学生会使学生感到教师态度强硬,不够尊重他们的人格,容易产生反感的情绪,这样不利于学生对知识的掌握。

(3)必须具有热情亲切的眼态。

眼睛是"心灵的窗户",在课堂教学中,师生之间通常都是以目光接触来表达各种思想和感情的。由此可见,运用眼睛的"目光语言"是提高课堂效果的一个重要方面。在课堂教学中,师生之间保持适当的目光接触,有助于教师从学生的眼神中得到课堂教学效果的信息反馈,使学生感到教师在情感上与之亲近、思路上与之共融、知识上与之交往。这样一来,学生的听课注意力就会集中,教师所传授的知识就容易得到吸收。

(4)必须具有良好稳健的心态。

教师如果在良好的心态下授课,精神饱满、情绪高涨、思路开阔、反应敏捷,对教学内容阐述清楚、运用自如,语言丰富,表达准确,比喻恰当,授课艺术得到最大限度的发挥,课堂气氛活跃,学生感觉轻松,这对于提高课堂教学效果大有好处。

4. 激发学习兴趣艺术

兴趣作为一种行为的动力,它将推动学生积极、主动、自觉地学习,因而在教学中,教师要始终观察学生的学习状态,注意培养和激发学生的学习兴趣。这既可以激发学生的学习热情,又能拓宽学生的思维能力。在课堂教学中,教师声情并茂的讲解,使师生间的情感得到充分的交流,有助于教师取得预期的教学效果。

5. 随机应变艺术

一位合格的教师还应具备应处理课堂教学中各种突发事件的能力,这种应变能力的高低也直接体现出教师的自身素质问题。比如,在课堂上,有的学生淘气,把一只刚会飞的小鸟或一只大青蛙带来,不小心发出了鸣叫声,因而影响到了其他学生的注意力。这时,作为教师,面对这种突发事件不要惊慌,掌握好随机应变的教学艺术,迅速稳定学生的学习情绪,控制好课堂秩序,圆满完成教学任务。

在教学中,教师的语言艺术、创设情境艺术、教态表现艺术、激发学习兴趣艺术、随机应变艺术是相互联系、密不可分、缺一不可的,也是上好每堂课的重要保障。

二、教学方式

(一)常用的教学方式

1.启发式教学

(1)什么是启发式教学?

启发式是指教师以学生为学习的主体,从学生的实际出发,依据学习的客观规律,灵活运用各种教学方法和手段,充分调动学生学习的积极性、主动性和创造性,激发学生内心活动,引导学生通过独立思考,融会贯通地掌握知识,探求新知,发展智能,提高分析问题、解决问题能力的一种教学方式。

启发式教学是教学原则与方法体系的最高境界,对各种教学方法起着定向、调节和控制作用。在所有教学方法中都应该贯彻启发式教学的思想,在教学的各个环节都应该倡导和重视启发式教学思想的运用。

(2)如何进行启发式教学?

启发式教学是当前实施素质教育、培养创新型人才必须积极采用的一种教学方式。运用启发式教学必须做到以下几点:

①加强学习,正确认识和理解启发式教学。

启发式教学不是一种具体的教学方法,是一种教学方式,它并没有固定的教学格式和环节。上课伊始就让学生带着问题去探究是启发;在课堂结束时留一些问题让学生去思考也是启发;教师有意识地向学生提出问题,并引导其解决问题是启发;教师让学生通过实践或讨论发现、思考、解决问题也是启发。启发式教学可以通过教师的生动讲述来实现,也可以通过一问一答、一讲一练等形式来体现。所以说,启发式教学是一种对各种教学方法和教学活动都具有指导意义的教学思想。无论采用什么教学方法,只要贯彻了启发式教学的思想就是启发式教学。

②创设民主教学环境,注重师生互动交流。

启发式教学把学生看成是认识活动的主体,要求师生双方在教学过程中相互尊重、相互信任、相互配合,以形成民主、融洽、和谐的教学气氛,使学生积极、愉快地参与到教学之中。民主是启发式教学的精神实质,它是师生创造性地完成教学任务并实现"教学相长"的重要保证。没有民主,师生之间将缺乏真诚的交流与合作,也就谈不上启发式教学了。所以,在教学过程中,教师要努力创设自由、平等、民主的课堂环境,充分尊重学生的人格,尊重学生的个性,使学生没有压抑感,没有心理负担,身心愉悦地投入学习中去。

③坚持以学生为主体,发挥教师主导作用。

启发式教学强调,学生是学习和发展的主体,一切教学活动都必须以调动学生的积极性、主动性、创造性为出发点。学生的学习与发展归根结底要依赖本人的主观努力,任何人都代替不了。因此,在教学过程中,要尊重学生的主体地位,引导学生充分发挥主观能动作用,这是启发式教学的实质。

但是,强调学生的主体地位并不意味着排斥教师的主导作用。发挥教师的主导作用也同样是教育教学内在的必然要求。但教师主导作用的发挥必须以尊重学生的学习主体地位为前提。也就是说,教师必须在"引导"上下功夫。施教主动,贵在引导,妙在开窍。教师的引导要立足于使学生自己思考,自己理解,从而达到"自奋其力,自致其知"的效果。这是教师发挥主导作用的落脚点。

④进行教法改革,加强学法指导。

"启发"一词本身就包括教师的"启"和学生的"发",它深刻地反映和揭示了教学活动的多边性以及教法与学法的同一性。注重学法指导是启发式教学的一个重要特征。"启"要求教师对教法进行改革,"发"要求教师对学生的学法进行指导。也就是说,要把教法改革与学法指导有机结合起来,使两者相互协调,相互促进。一方面要把教法改革建立在研究学法和学情的基础上,以提高教法的针对性和有效性;另一方面,在探索和选用教法的过程中,要引导学生掌握适合自身特点的学习方法。在课堂教学中,教师不能停留在讲清楚知识点上,还要揭示出规律,为学生指出科学的思维方法和学习方法,要为学生提供一种自我探索、自我思考、自我创造和自我表现的机会,使学生在掌握知识的同时,掌握学习的方法与思维的要领,从而培养学生的自学能力。

⑤善于创造情境,启发学生思维。

启发学生的思维,培养学生思维的主动性、灵活性,是启发式教学的核心内容。在教学过程中,教师要把重点放在启发学生的思维上,要让学生展开充分的思维活动,从而实现掌握知识与发展智能的有机统一。教师应该利用多种途径和方法来启发学生的思维,从而促进学生智力的发展和能力的培养。比较好的方法是教师通过创设情境来启发学生的思维。具体来说,有以下几种做法:第一,创设"愤悱"情境,引导学生思维。当学生跃跃欲试,处于愤悱境地时,教师才去启发和点拨。第二,创设激奋情境,唤起学习激情。学生一旦有了学习激情,就会把学习当做一种乐趣,就会产生巨大的内驱力。第三,创设悬念情境,激起学生的好奇心。创设悬念情境,可以引起学生的好奇,激发学生强烈的求知欲。

⑥运用问题导向,提高学生能力素质。

在教学过程中,教师不断地提出问题,启发学生思考问题、解决问题,这是启发式教学常用的一种方法。具体来说,要把握以下要点:第一,讲课要生动、形象,引人入胜,要随时能提出一些有趣的问题,使学生轻松、愉悦地学习。第二,要给学生留有思考的余地,教师要鼓励学生提出问题,培养学生自己分析问题、解决问题的能力。第三,要从事物的发展顺序和知识的内在逻辑上提出问题,引导学生有条理地学习和思考,从而培养他们的逻辑推理能力。第四,要根据"跳一跳能摘到桃子"的原则,利用学生好胜心强的特点,提出一些难度较大的问题,激发学生的探索兴趣,培养学生的学习毅力。第五,要以浅显的例子来启发学生探寻问题中的哲理,从而培养学生思维的批判性和深刻性。第六,要把对同一课题的各种不同观点都摆出来,并且教师不要急于发表自己的看法,要让学生自己去思索和选择，从而培养他们的探索精神和鉴别能力。第七，要列举有典型代表性的问题和实例，让学生进行联想，从而培养学生"举一反三""触类旁通"的思维能力。第八，要着重讲解课题的现状和发展趋势，把需要解决的问题提出来，鼓励学生去探索，并且要从正面和反面提出问题，让学生进行对比，从而培养学生辩证思维的能力。

2.讲授式教学

(1)什么是讲授式教学？

讲授式是典型的传统教学方式。讲授式是教师通过口头语言向学生系统传授知识的一种方式，它是使用最广泛的教学方式，也是最古老的教学方式。对于有些教学内容，如一些难度较大的概念、公式等，学生很难通过自学来掌握，这时，就需要教师进行讲解。

(2)讲授式教学的注意点。

讲授式之所以备受指责，主要是因为在运用过程中教师把它单调化、机械化了，无视学生主体的学习兴趣和热情，没有充分发挥学生的学习主动性。

实行讲授式教学时要做到以下几点：

①避免满堂灌，要有重点地讲。

长期形成的习惯和表现欲使得教师普遍爱说话。但是，教师应适当地控制自己，应避免满堂灌，要有重点地讲。这是教师运用讲授法时特别要注意的。

②不居高临下，注重与学生交流。

讲解应该是教师的发言，而不是教师居高临下式的注入。教师不应以教训学生的心态进行讲解，而应以与学生交流的心态进行讲解。讲解时，教师应该娓娓道出自己的学习心得，而不应对学生进行信息轰炸。

③展示思考过程，注重过程控制。

讲解时，教师应该展示自己的思考过程，而不光是结果。教师应该把自己对教材的理解，包括成功与失误，全部告诉学生。经验告诉我们，如果教师把自己定位成一个正在学习的人，那么他就能最有效地促进学生学习能力的提高。

④注意学生的表情，有效调节讲课节奏。

讲解时，要注意学生的表情。如果发现多数学生的注意力已经分散，这时，不管自己的兴致有多高，也不管讲的内容有多重要，教师都应该停止讲解，因为接下来的讲解将是低效劳动。教师必须趁学生注意力集中时，把最重要的内容讲完，这样有利于提高教学效果。

⑤讲究语言艺术，正确运用体态语。

讲解时，语言要清晰、准确、生动、有趣，要尽量做到深入浅出，通俗易懂。对新出现的术语，要先做解释。声音要清晰，音量要适当，音高要合理，语速要恰当，语调要丰富，富有感情。另外，教师还要正确运用体态语。

⑥恰当运用教学手段，避免以"机灌"代替"人灌"。

教师应多运用实物、模型等直观教具来辅助讲解，恰当地使用现代教学手段来辅助教学，但要避免以"机灌"代替"人灌"。

可以将讲授式穿插在导学式、探究式、讨论式、课题式等教学方式中，也可以单独使用，这要视情况而定。

3.导学式教学

一个人的在校学习时间是有限的,也就是说,一个人不可能在老师的指导下学习一辈子。要想在学业上有所进步,在事业上有所成就,还得靠自己不断地学习与探索。再者,一个人仅凭在校期间学到的有限的知识,是适应不了社会发展的。当今世界,科技迅猛发展,知识日新月异,一个人如果不会学习,就会被社会所淘汰。未来的文盲不再是不识字的人,而是不懂得怎样学习的人。因此,实行导学式教学,培养学生的自学能力,是现代教学对每一位教师的基本要求,也是实施素质教育,实行课程改革的需要,更是现代科学技术飞速发展对人才培养的要求。

导学式教学就是教师指导、引导学生学习,其目的就是要培养学生的学习能力。在当今的教学方式中,如果说课题式、探究式是最新颖的,那么导学式就是最重要的。

如何进行导学式教学?

(1)解放思想,转变观念。

陶行知先生说:"先生的责任不在教,而在教学,而在教学生学。"叶圣陶先生强调:"教是为了不需要教"。布鲁姆说:"95%以上的学生是可以学好的,只是时间问题;95%以上的学生是会学的,只是方法问题。"洋思中学的先进教改理念是"课堂教学的过程是学生学习的过程""不学不教,先学后教,以教导学,以学促教"。

教师必须认识到,自己不是知识的唯一来源,在信息时代,学生在许多方面完全可能比教师知道得多。教师的角色已经发生了转变,他是一个学习者、组织者、指导者、帮助者。在教学过程中,教师要努力做到,让学生自己阅读课本,让学生主动探索新知,让学生相互讨论难疑点,让学生思考问题、解答问题,让学生归纳概括,让学生寻找、揭示规律。只有这样,导学式教学才能真正落到实处。

(2)加强指导,在"导"字上下足功夫。

学生的自学能力不是天生就有的,更不是无师自通的,它必须在教师的指导和帮助下,才能逐步形成。在具体的教学过程中,教师应做到以下几点:

第一,要指导学生预习和复习。在学习新知识之前,教师要指导学生复习旧知识和预学新知识。教师要为学生编写或指导学生自己编写一些复习与预学的提纲,要为学生指明学习新知识的目的、要求、方向与任务。教师要努力为学生设新旧知识联系的纽带,让学生自觉地从旧知识的复习中导出新知识。

第二,要指导学生分析教材。教师要指导学习分析教材、理解教材。如指导学生在书上画重点、做记号、写批注、记疑难点;指导学生做读书笔记和卡片;指导学生一边阅读一边分析,一边阅读一边做笔记,一边阅读一边思考。教师不仅要教给学生学习的通法,如怎样预习、复习、听讲、解题、阅读、思考、解疑、讨论、做实验等,还要根据学科特点教给学生分析教材的方法。

第三,要指导学生进行课外阅读。教师要指导学生进行课外阅读,要让学生有目的、有选择地读一些课外书籍,以扩大学生的视野,丰富学生的知识,进一步提高学生的学习能力。教师要给学生提供必要的资料信息,告诉学生到哪里去找相关资料。

(3)预学检查,以学定教。

教师在上新课前一定要采用多种方式对学生的课前预学情况进行检查。教师可有代表性地直接检查若干位学生的课前预学情况,也可指定若干位学科组长或小组长在课间或课内对学生的课前预学情况进行检查。当新课内容较多时,预学检查可在课前进行,以免占用上课时间。

教师通过以上检查,可以了解学生的知识掌握情况,并以此来决定课堂上该指导什么,该启发什么,该详讲什么,该略讲什么。

教师可以根据反馈信息,组织学生进行课内自学,也可以通过适当的启发、讲解、讨论、练习等,有针对性地帮助学生掌握教材的重点,解决疑难问题,分析错误原因,并启发学生积极思考,引导学生找寻知识的内在联系与规律。

(4)实行"小先生制"。

有些学生的自学能力比较差,而有些学生的自学能力比较强,这就很容易产生两极分化。怎么办?除了对自学能力差的人适当降低标准,搞分层次教学,以及在课内外多辅导他们之外,一个很好的解决方法就是实行"小先生制"。"小先生制"就是组建学习小组,让学习成绩优秀的学生多帮助学困生。这样做既能使学困生得到有效帮助,又能减轻教师的负担,还能起到锻炼优秀学生的作用。

(5)遵循客观规律,循序渐进。

学生的学习能力的培养不可能一蹴而就,而是要有计划、分步骤地进行。要根据学生的学习能力发展的客观规律来培养学生的自学能力。学生的学习能力的培养可以参照我国教学论专家江山野先生的有关研究结果。他把学生的学习能力客观发展进程分为五个阶段,即完全依靠教师阶段、基本依靠教师阶段、相对独立学习阶段、基本独立学习阶段和完全独立学习阶段。

4.讨论式教学

讨论式教学早已成为西方发达国家课堂教学的基本方式。但是,由于受传统讲授课模式和班级统一授课制的影响,讨论式教学在我国没有引起足够的重视,直到 20 世纪 80 年代才逐渐被重视起来。近年来,随着课程改革的深入和推广,讨论式教学引起了人们的高度重视,不少教师把讨论式当做一种基本的教学方式。

(1)什么是讨论式教学?

讨论式教学是在老师的指导或参与下,学生以集体(全班或小组)的形式,围绕某个或某几个中心论题开展讨论,各抒己见,相互交流,相互启发,相互学习,通过信息的多向交流而获取知识、解决问题、发展智能的一种教学方式。

(2)讨论式教学的特点。

第一,讨论式教学是开放式的教学。在课堂上参加讨论活动的每一个学生都有自由表达见解和发挥才能的机会。学生不但要听取他人的发言,而且自己要准备发言,这种发言虽然要围绕讨论的中心议题,但发言的内容不受教材限制。同时,学生还要评价他人的发言情况,并要提出论据,因为只有这样才能说服别人。这种开放式的课堂教学不仅能为学生提供较广阔的思维活动空间,让学生真正成为学习的主人,而且有利于培养学生的思考能力、创新能力和表达能力。

第二,讨论式教学是多向信息交流的教学。课堂讨论是一种信息交流活动,这种信息交流不同于讲授法的单向信息交流,它是讨论成员之间的多向信息交流。从同学的发言中,学生可以及时获得反馈信息,从而调整自己的观点与认识。在多向信息交流中,同学们可以取长补短,集思广益,以达到共同提高的目的。

(3)讨论式教学的一般步骤。

第一,选好讨论题。讨论题的选择非常重要,要根据教学的具体目标、教学内容和学生的知识水平来确定讨论题。一般来说,要选和教材的重点、难点有关的问题或带有普遍意义的问题让学生讨论;要选有启发性、可以从不同角度理解的问题让学生讨论;要选有多种解决方法的问题让学生讨论;要选与学生的生活有关的问题让学生讨论。这样可以促使学生开动脑筋想问题,让他们有言可发。讨论题的难易程度要符合学生的实际,不能太难,也不能太容易。讨论题应简要明确,不能模棱两可,要有思考性和启发性。老师要善于从学生提出的有关问题中选出适合作为讨论题的问题。

第二,定好讨论形式。课堂讨论的形式是多种多样的,有全班性的讨论,有前后桌之间的讨论,有同桌两人之间的讨论,有时还可根据某种需要组成专门小组,也可指定某个人就某个问题做专题发言。目前,很多老师采用前后桌四人小组讨论或六人小组(好中差搭配)讨论的形式。无论采取何种形式,都要从实际出发。讨论之前都要让学生有足够的时间做好必要的准备。

第三,组织好讨论。在讨论过程中,教师要鼓励学生大胆地发言。教师还要教给学生发言的技巧,如发言时要抓住主要矛盾,要论之有据,论之有实,不空发议论,不离题太远。教师还要教育学生,在讨论中既要善于发表自己的意见,又要虚心听取别人的意见,争论时要心平气和,注意团结友爱,与人为善,不要让争论变成冲突。

在整个讨论过程中,教师要随时注意学生的动态,要在组间巡视、指导,及时搜集反馈信息,以便及时控制、调整讨论活动,把握讨论的方向。教师布置讨论题时,要做必要的解释,还要提出具体要求,交代注意事项。如果学生无言可发,教师要做必要的点拨,以帮助学生打开思路,使讨论活动顺利进行。要特别注意的是,教师要让学困生参与讨论和发言。如果学生的发言离了题,教师要设法把学生引到讨论题上来;如果学生的发言有独到之处,教师要加以肯定和鼓励;如果学生的发言有错误,教师应适当指出,并提醒学生纠正。

第四,做好小结。每次讨论结束后,一般要做简短的小结,小结可以由教师来做,也可以由学生来做,还可以由师生共同来做。对讨论过程中出现的疑难问题或有争论的问题,教师要阐明自己的看法,要实事求是地评价学生的发言情况。对某些有争论的问题,允许学生保留自己的看法。有时为了培养学生的探究能力,教师可以对某些讨论题不给出任何结论,而是让学生以后继续探讨。

(4)讨论式教学的适用条件。

这堂课是否适合运用谈论式教学,不能千篇一律,要视具体情况而定。例如,有些学科的概念、原理、公式比较统一,一般来说,难以提出明显的可以怀疑的问题,所以,在进行概念、原理、公式的教学时,不一定要组织学生讨论。但在运用这些概念、原理、公式解题时又可以组织学生开展讨论。有些学科比较适合运用讨论式教学,如历史、艺术等学科,这些学科中的许多观点存在着争论,比较适合用讨论的方法进行教学。通过讨论,学生能比较各种观点的异同,从而形成自己的看法。但是,也不是说每节课都要采用这种教学方式。以上的看法不是绝对的，教学中是否要组织讨论，应视具体情况而定。

此外，讨论式教学，还要看班级情况、学生基础等因素，有些讨论式教学适合在课堂纪律较好、学生的自我控制能力较强、学生的基础较好且思维比较活跃的班级里开展。如果一个班级的纪律较差或缺乏骨干学生，分组讨论时，讨论活动有可能失去控制或学生无言可发。这样的讨论不仅达不到促进学生的智能发展的教学目标，而且会影响课堂教学活动的顺利进行。

(5)实行讨论式教学应遵循的原则。

第一，需要讨论时才讨论。也就是说，对于讨论事先不要定得太死，有时候可以临时组织讨论，有时候可以取消计划好的讨论。这要看学生有没有需要、讨论能否产生实效。

第二，有不同意见时才讨论。讨论是为了听到不同的声音。教师发现学生对某一个问题有不同的见解或不同的思路的时可以组织学生讨论，意见的反差越大，就越容易激起学生讨论的兴趣。在大家看法相似的情况下组织讨论，很可能不会产生多少新信息，反而会浪费宝贵的教学时间。

第三，有真问题时才讨论。所谓真问题，指的是学生确实不明白而且想弄明白的问题。真问题还包括教师自己的问题。教师要把自己确实有疑问的地方开诚布公地向学生提出，让学生讨论。

通常情况下，讨论式是一种辅助的教学方式。在讲授式、启发式、导学式、探究式、课题式的教学中，遇到比较集中的问题时，都可以用讨论的方式加以解决。

5.练习式教学

许多教学方式(如探究式、导学式、讨论式、课题式)都有利于发挥学生的主体作用，培养学生的探究能力和学习能力。但是，学生的基础知识是否扎实、基本技能是否熟练，必须通过练习才能得到答案。除了平日适当地留作业以外，教学一个阶段后，教师要留专门的时间，让学生系统、完整地做练习，以巩固学生的基础知识。

(1)练习式教学的一般步骤。

首先，教师引导学生简要回顾上节课或上一阶段所学知识，并提出练习的任务、目的、要求、意义及方法；接着，教师做示范性辅导，学生做尝试性练习，教师及时反馈、评价和矫正学生的尝试性练习中的错误；然后，学生独立做练习，教师有目的地巡视辅导，并有针对性地指导学生做练习；最后，教师根据巡视辅导过程中收集到的反馈信息，对学生的练习完成情况进行评价和小结。

(2)怎样进行练习式教学。

精选练习题。要上好练习课，首先应设计好练习题，这是上好练习课的基本保证。设计练习题时必须做到目的明确，紧扣课标，重点突出，纵横联系，科学严谨，由浅到深，难易适中，题量适度。其次，练习要多样化，可以设计出诊断性练习、巩固性练习、对比性练习、针对性练习、操作性练习、综合性练习、发展性练习、创造性练习，等等。有时需要综合使用多种功能的练习。

加强练习方法的指导。教师要教给学生做练习的方法，要做必要的示范。教师应该要求学生认真审题，细心解答。应先要求正确与规范、后要求熟练与速度。要求学生在学习中遇到困难时，先复习课本内容，实在想不出来再请教同学或老师。教师要重视培养学生做完练习后进行检查的好习惯。

加强解题速度的训练。提高学生做练习的速度是练习式教学的一大任务。教师要注重培养学生的时间观念和效率意识,力求让学生在短时间内采用最佳的方法解决问题。切忌长时间让学生自由练习,因为长时间无速度要求,必然使学生养成散漫的习惯。

注意练习结果的信息反馈。教师应及时、客观地评定学生的练习,表扬表现好的学生,帮助学生纠正在练习中出现的错误,并给出改进的方法。

做练习自然是枯燥的,难以引起学生的兴趣,所以这种课也不可过多,而且不要连续上,以免学生疲倦,要特别注意不要让学生做重复性的无效劳动。

6.探究式教学

探究式教学法又称发现法、研究法,是指学生在学习概念和原理时,教师只是给他们一些事例和问题,让学生自己通过阅读、观察、实验、思考、讨论、听讲等途径去独立探究,使学生获得知识、技能、情感与态度的发展,特别是探索精神和创新能力的发展的教学方式。探究式教学的重心或出发点在于学生,以学生自主探究或者合作探究为主要学习方式,以培养思维能力为核心,探究是学生的探究,教要为学服务,而不是学服从于教。

探究式教学以问题为载体,它适用于大量的学科性的课堂教学,尤其是理科教学。探究式教学和课题式教学有相同之处,都是以问题为载体,但是它们还是有区别的。课题式教学所选择的问题是紧密结合生活实际的,教学可在课内也可在课外完成,且大多在课外完成;而探究式教学所选的问题必须紧密结合学科教学目标,且教学一般在课内完成。

探究式教学的一般程序:

(1)创设问题情境。

探究式教学总是围绕课程中的某个知识点而展开。与基于问题的学习不同的是,这个知识点并非选自社会生活中的现实问题,也不是由学生自由选择而产生的,而是由教师根据教学目标的要求和教学的进度来确定。一旦确定了这个学习对象后,教师就要通过问题、任务等多种形式,使用适宜的教学手段来创设与此学习对象相关的学习情境,引导学生进入目标知识点的学习。

(2)确定探究问题。

学习对象确定后,为了使探究式学习取得成效,需要在探究之前向全班学生提出若干富有启发性、能引起学生深入思考,并与当前学习对象密切相关的问题,以便更好地让学生带着这些问题去探究。这一环节至关重要,所提出的问题是否具有启发性、是否能引起学生的深入思考,这是探究性学习是否能取得效果乃至成败的关键。这类问题要由教师提出。

(3)自主(或小组)探究。

探究性教学模式因为采用"自主、探究、合作"的学习方式,所以,一节课的教学目标主要靠学生个人的自主探究加上学习小组的合作学习活动来完成,因此,本环节成为探究性教学模式中的关键教学环节。在实施过程中要处理好教师、学生、信息技术三者之间的关系。教师起到引导、支持的作用,学生要充分发挥学习的主动性与积极性,信息技术要成为学生探究的认知工具。在不同的学科,所使用的认知工具有所差异。人文学科往往可以通过让学生上网查找资料来达到促进学生自主探究的目的,而在数理学科中可以使用相关学科的仿真软件、实验室、作图工具等。

(4)协作交流。

学生只有在经过了认真的自主探究、积极思考后,才可能进入高质量的协作交流阶段。也就是说,协作交流一定要建立在自主探究的基础之上,才能为学生提供思路交流、观点碰撞、成果分享的平台。教师在此过程中要起到组织、协调、引导的作用。

(5)总结提高。

教师引导学生对探究的问题进行回答与总结,对学习成果进行分析归纳,并可联系实际,对当前知识点进行深化、迁移与提高。

实行探究式教学时应注意以下几点:

第一,要创设良好的探究学习环境。首先要有齐全的教学材料、教学仪器等,而且这些材料要围绕某个知识主题来安排;其次要有民主、和谐的课堂气氛,要让学生没有压力,能自由寻找所需要的信息,自己做设想,并以自己的方式检验设想。

第二,要确定恰当的供学生探究的问题和目标。一节课之中,问题不宜过多、过浅或过深;问题的指向性要比较单一,否则只会泛泛而探,探而无效。探究问题可先由学生提出,然后由教师进行选择,也可由教师提出,然后组织学生探讨。此外,探究的形式要体现学科的特点,切不可千篇一律。如语文学科要体现其语言的训练要求,体现工具性与人文性的统一;数学学科要注重数学知识、技能与数学思维训练的统一;自然、科学等学科则要注意从情景(现象)入手,提出问题。

第三,教师的作用在于组织、指导和适时参与。教师切忌让学生的探究活动打上自己的思维定式的烙印,而是要千方百计、最大限度地调动学生参与探究的积极性、主动性。教师要引导学生恰当地把握思维的广度、深度,使学生参与的程度更高。在学生进行探究学习的起始阶段,教师要选择有关课题,并做出示范,要引导学生逐步过渡到独立进行探究学习的阶段。

第四,不能离开学科知识与技能的掌握。探究式教学是要改变学生获取知识与技能的途径与方法,要让学生自主地、科学地获得知识与技能,从而学会学习,增长才能。离开学科知识与技能的探究式教学,是徒劳而无实效的。

7.课题式教学

课题式教学是新一轮课程改革提出的崭新的教学方式,多数老师没有使用过,所以,对多数老师来说,实行课题式教学是有一定难度的。但只要经过一定的实践,广大老师和家长都可以指导学生进行课题研究。

课题式教学是指教师围绕课程实施中带有普遍性的重点、难点问题,组织合作团队,通过理论学习、课例研究、持续跟进等研究行动进行的研究活动。

(1)课题式教学的一般程序。

首先,师生共同确定一个实际问题,这个问题可以是学习生活中的,也可以是社会生活中的,如环保问题、资源问题、教育问题、卫生问题、住房问题、贷款问题、交通问题、人口问题、文物保护问题,等等;接着,教师指导学生设计解决方案;然后,组织学生收集资料,引导学生进行研究,力求解决问题;最后,写出论文或报告。

(2)课题式教学的主要特点。

第一,问题性。问题性是课题研究性学习在呈现方式上的重要特点。这些问题有的是学生自己发现的,有的是教师提出的,一般具有很强的可探究性。第二,探究性。课题式教学是以学生的探究性学习为基础的。探究是一种有着多个层面的活动,学生通过实验、观察、联想、分析、思考等学习活动,主动去概括原理、法则,去寻求解决问题的方法、途径,这是探究学习过程中的主要环节。第三,自主性。不论是探究的能力,还是问题意识和创新精神,都是通过学生亲身实践才能逐步形成。对于知识的内化也必须通过学生的主动建构来生成。第四,合作性。人只要相互合作,彼此帮助,就会在与他人的协作中,实现仅凭自己的力量无法实现的理想。课题研究式教学,就是以小组合作方式完成学习内容,学生在实施过程中锻炼了沟通与协作的能力。

实施课题式教学,可以有效避免直接学习基础知识和基本技能的枯燥性,可以充分调动学生的学习积极性,因而有利于提高学习效率和培养学生能力。课题式教学模式着眼于未来,更好地适应知识经济和信息化时代对学生知识、能力及素质的需求,是完成创新能力素质培养的有效手段之一。

8.讲座式教学

讲座式教学法是为了适应素质教育的改革需要,进一步拓宽学生知识面,培养学生的创造性思维的一种教学方法。具体做法是把一个年级甚至更大范围的学生集中起来上大课、听报告。主讲教师大多是聘请的校外专家、学者等,使学生能听到专家级、大师级的学者讲课,这样做可以开拓学生的视野,活跃学生的思想,激发学生的学习兴趣。法国人把这种课叫"权威课"。这有一点儿像课外活动,但它与课外活动有一定的区别,它是被安排在教学计划中定期举行的,而且其内容与教材结合得比较紧密。这种讲课人当然不是能够长期兼课的,所以这种讲座课每学期只能组织一两次,但如果组织得好,讲座课的作用是很大的。

在内容上,讲座式教学法以某一课题为中心,紧紧围绕这一中心涉猎其他相关或相似的学科知识,力求"人文科学化""科学人文化",文理知识相互融合,以增进中心内容的深度、厚度和广度,整合知识结构,使相关知识重新组合。这样,就把固定的、一成不变的静态教学,变成了可以吞吐自如的动态知识结构。

讲座的内容要有所选择,一般选以下几方面的内容:第一,本学科的概况,包括学科的基本特点、基本思路、发展趋势等全局性的东西。第二,本学科的难点,即一般教师讲起来有困难或者讲授效果不好的内容。第三,把学生的疑难问题集中起来,请专家答疑。这种讲座不但能教育学生,还能提高教师的水平,一举两得。

(二)怎样选择合适的教学方式

教学方式是为学习方式服务的,教学方式的选择还受许多因素的影响和制约,这就要求我们在选择教学方式时,全面、综合地考虑,权衡利弊,择善而从。

1.根据教学目标选择。

教学目标不同,所采用的教学方式也应不同,要选择那些有利于更好地完成教学目标的教学方式。如若着眼于培养学生的自学能力,可采用导学式;若着眼于培养学生的技能、技巧,可采用练习式;若着眼于培养学生的探究能力,可采用课题式或探究式。

2. 根据教学内容选择。

对不同学科或相同学科的不同内容的教学,应选择不同的教学方式。如对文科教学,可较多地采用讲授式、启发式、导学式等;对理科教学,就可以较多地采用课题式、探究式等;对数学的教学与对语文的教学,所采用的教学方式也应有所区别。

3. 根据学生的实际选择。

不同的教学方式对学生的知识、智力水平等的要求不同,应该选择那些适合学生年龄特征、身心发展水平的教学方式。

4. 根据教师的特点选择。

教学方式的运用总是要通过教师来实现的。每个教师在选择教学方式时都要考虑到自身的学识、能力、性格及身体素质等诸方面,尽量做到扬长避短,选择最能表现自己的才华、施展自己的聪明才智的教学方式。如果一个语文教师具有较好的嗓音、较强的表达能力,那么他就可以多采用讲授式;如果他具有较为深厚的学识和启发引导的能力,那么他就可以多采用启发式和导学式。

5. 根据教学条件选择。

教学的物质条件包括学校提供的图书、设备、设施等。超越现有的教学物质条件,选择、运用一种不适当的教学方式,往往会加重师生的负担,影响教学效果。

6. 灵活运用多种教学方式。

在具体的教学活动中,教师只会一两种教学方式是不能很好地完成教学任务的,他必须掌握多种教学方式,至于在实践中具体要用几种教学方式,何时变换教学方式,各种教学方式分别占多大比例等,要视具体情况而定。

总之,教师一定要用发展的眼光来选用教学方式。首先,要根据学生学习能力的客观发展进程来选用适合的教学方式,也就是说,教学方式的选择要与这个阶段学生的学习能力相吻合;其次,要根据教学目标、教学内容、教学条件和教师自身的特点等灵活地选用一种或几种教学方式。

第三节 说课技能

说课是一种教研活动,是教学活动的预演,说课活动能有效调动教师投身教学改革,学习教育理论,钻研课堂教学的积极性,是提高教师素质、提高教学水平和课堂教学效果的重要途径。

一、说课的准备工作

(一)说课的概念

"说课"是教师在备课的基础上,在授课之前,对领导、同行或评委,用口头语言讲解某一课题的教学设想及其依据的一种教研活动,它是教师将教材理解、教法及学法设计,转化为"教学活动"的一种课前预演。说课时,教师要阐明教什么、怎样教和为什么要这样教的理论依据,它旨在提高教师的素质和课堂教学的水平。

说课不是讲课,它是备课写教案和课堂施教的内在蓝图与"潜台词"。通过说课,让听课教师更加明白应该怎样去教、为什么要这样教,进一步明确教学的重点、难点,理清教学思路,从而提高课堂教学的效率。

(二)说课前的准备工作

1.知识准备

知识准备的内容很多,其中比较重要的是教学大纲、教材知识、教学对象以及其他相关知识。

(1)研究大纲。

学科教学大纲,是指导学科教学的纲领,教材是根据大纲编写的,这一点说课教师往往忽略。说课前,教师一定要研究教学大纲,掌握大纲所规定的教学任务、教学目标以及教学要求。

(2)研究教材。

熟悉所说教材的编写意图和教学目标,了解知识的承接性和延续性,对知识系统的内在联系要做到心中有数,还要掌握本课在本教材中所处的地位和作用,明确重点、难点。

(3)熟悉交叉学科知识。

教师要扩展知识视野,使之具备多学科多层次的知识结构,这样才可以使说课具有深度和广度。

2.理论准备

说课要在理论指导下研究教学内容、选择教学方法、设计教学过程,否则说课就没有高度,就是无本之木。因此,教师在说课前要针对教学实际需要,有计划、有步骤地学习教育学、心理学、学科教学方法等相关理论。

3.技术准备

(1)明确说课的内容和要求。

要想说好课,首先明确说课要说什么。关于说课的内容,没有什么固定不变的框框,通常包括说教学目标、说教材、说学生、说教学方法和教学程序这几项内容,其中说教学方法包括教师的"教"和学生的"学"两个方面。说课教师不但要说出怎样教,而且还要说清"为什么要这样教"的理论依据(包括大纲依据、教学法依据、教育学和心理学依据等),使听课者既能知其然,又能知其所以然,达到理论与实践的有机结合。

(2)掌握说课的技巧。

语言表述在说课中具有重要地位。要加强说的训练,要有说的功底,注重语气、语量、语调、语速、语感;要进入角色,脱稿说课不能用背的语调,要用"说"或者"讲"的语气,设计意图则用说明性语气,二者要有区别;要注意教师所处的位置,要和讲课相同,板书和操作等活动要自然和谐,落落大方。

说课内容要分清主次,不能平均使用力量,不能眉毛胡子一把抓,要把主要力量放在说教学程序上,只要说清"是什么"和"为什么"即可。

(3)准备好说课所需的教具。

教具是在课堂上用来讲解说明某事物属性或原理的物品,范围很广,品种很多,按其作用分可分为感官教育教具、数学教育教具、语言教育教具、科学文化教育教具、日常生活教育教具及音乐教育教具等。由于儿童思维发展特点,决定了教具在教学中具有不可或缺的作用,所以在说课时,要根据教学内容及重难点,准备好必要的教具,如儿童玩具、教学模型、实物、教学标本等。通过教具的直观性,可以使知识更加具体化、形象化,为学生感知、理解和记忆知识创造了条件。教具还具有实践性,实物媒介大多是可以触摸、使用、解剖的,可以培养学生的感觉能力和学习兴趣,也可以通过儿童拆玩具、学生解剖动物等培养学生的思维能力和动手技能。

4.心理准备

说课要求教师在短时间内说完一节课的整体思路,如果说课教师心理压力过大,很容易在说课时失去心理平衡,形成心理障碍,从而影响正常水平发挥,这就需要说课教师在活动之前,做好充分的心理准备。

二、说课的基本要求

说课,既是一门科学,也是一门艺术。教师把握好说课艺术,需要关注以下六个方面。

(一)把握好节奏

1.内容详略得当

说课内容的详与略是影响说课节奏的首要因素。说课的时间只有10~15分钟,但内容很多,如果要面面俱到,"眉毛胡子一把抓",说课的节奏就不分明,甚至时间不够,在这种情况下有的教师就会草草结束这节课的说课内容,那么这节课的说课效果也就可想而知了。有的教师会采用拖延时间的方法,但说课的时间过长就不符合说课的基本要求。因此,必须分清说课内容的主次,区分详略、轻重,既顾及一般内容又突出重点,在说课时要根据内容的主次,使用不同的教学手段和时间分配。对重点、难点要灵活运用教学方法说深说透,对一般内容可以话语简洁,一带而过。

2.语速快慢结合

教师在说课过程中语速的快慢是说课节奏最直接的体现。教师说课时语速应快慢结合、错落有致,说得太快或太慢都会影响说课效果。如果教师在说课时,语速过快,频率过高,在短时间里,听课者会一时难以接受;如果语速太慢,重复过多,听课者的注意力就会分散,也不会产生良好的说课效果。语速的掌握没有什么特别的规定,通常应根据说课内容具体而定,一般来说,大家所熟悉的内容可以讲得快些,生疏的内容语速要放慢一些,讲一般内容时要快,讲重难点内容时要慢。

3.语调强弱得当

所谓语调,主要指教师说课时声音的高低起伏。教师的语调"高八度",拉开嗓门一个劲地喊,听课者听之刺耳,闻而生厌;语调轻而沉闷,则会给听课者压抑感,犹如催眠曲,使听课者昏昏欲睡,注意力也不易集中;语调平淡无味,缺乏抑扬起伏,显得过于呆板,听课者也不感兴趣。所以,教师在说课过程中语调要高低兼用,强弱得当,要做到"高低起伏,抑扬顿挫",才能引起听课者的兴趣,提高说课效果。

4.时间长短相宜

说课时间一般10~15分钟,这个时间区间,究竟怎么用,教师要根据内容自己确定,做到长短相宜。教师要充分利用好分分秒秒,力求取得最佳说课效果。影响说课节奏的因素还有很多,作为一名教师,我们应在自己的工作岗位上不断地去实践、探索、研究,从而提高说课效果。

(二)让教法独具特色

德国著名学者海因·曼麦说:"用幽默的方式说出严肃的真理,比直截了当地提出来更能为之接受。"那么在说课活动中,教师说教法时,也需说出自己的教学风格。要有独特的教学风格,就必须做到"五有"。

1.有爱岗敬业的教学情怀

教师具有敬业精神和真挚的教学情怀,才会在平时的说课中刻苦钻研业务,认真分析每个学生的个性特征,对教学内容的处理、教学方法的选择、教学方案的设计、教学过程的组织做到一丝不苟。精心设计、斟酌,形成自己的教学特色。反之,教师在说课中不思进取,套用现成的教案或书中的东西,就会出现不管学生实际,千篇一律的教学模式。

2.有坚实的专业知识基础

学识水平越高、业务能力越强的教师,越能正确地把握教材的重点、难点,在说课中厚积薄发,得心应手,高屋建瓴,左右逢源。倘若专业知识不坚实,应付说课尚且捉襟见肘,谈何创新,谈何能形成自己的教学风格?随着知识经济时代的到来,对我们教师提出了更新更高的要求,提高自身的专业素养是每个教师的基本职责。

3.有善于学习的品格

"兼采众长、为我所用"乃是明智之举。只有在一次次的教学实践中吸收他人精华,不断地锤炼自己,提高自己的业务能力,才能逐步形成自己的教学特点。如果故步自封、闭门造车、孤芳自赏、夜郎自大,则必然妨碍自身发展,或向着歧路发展,难以融入教学大潮之中。

4.有勇于创新的意识

独创性是说课特色的灵魂。别人的经验,只有与自己的教学实际相结合,根据实际情况如班级、学生、学科、教材等,形成自己一套教学方法与手段,才能形成自己的风格。一味模仿,不思创新改革,只能是鹦鹉学舌,难成正果。

5.有个性化的学科特点

教学特色首先要有本学科的特色,如语文的优美与广阔,数学的简洁与逻辑,自然的实验与现象,等等。脱离学科教学特点的教法难以很好地适应学科教学。其次特色既然是一个教师所特有的,就要展现这个教师的个性,风格迥异,或稳健持重、儒雅整洁,或风趣幽默、自然流畅。

(三)突出教学重难点

1.确定教学重点和难点应注意的几个要点

(1)根据教材的知识结构,从知识点中梳理出重点

首先,理解知识点。要理解这部分内容整体的知识结构和内容间的逻辑关系,再把相应的教学内容放到知识的结构链中去理解。其次,理解整个单元的知识点,特别是要详细地知道每节课的知识点,在教学中做到不遗漏、不添加。如果知识点是某单元或某内容的核心,是后继学习的基石或有广泛的应用等,那么它就是教学重点。教学重点一般由教材决定,对每个学生是一致的。一节课的知识点可能有多个,但重点一般只有一两个。

(2)根据学生的认知水平,从重点中确定好难点

教学重点和难点与学生的认知结构有关,是由学生原有认知结构与学习新内容之间的矛盾而产生的。把新知识纳入原有的认知结构,扩大原有认知结构的过程是同化。当新知识不能同化于原有的认知结构,要改造认知结构,使新知识能适应这种结构的过程是顺应。从学生的认知水平来分析,通过同化掌握的知识点是教学重点;通过顺应掌握的知识点既是教学重点,又是教学难点。当然,在实际教学中,由于学生个体认知水平的差异,同化的知识对有的学生而言,也是学习难点;顺应的知识对有的学生而言,不一定是学习难点。总之,要根据学生实际,在把握重点的基础上,确定好难点。

2.突出重点、突破难点的主要策略

(1)把握好重点和难点是突出重点、突破难点的前提

我们知道,要想在说课中做到突出重点、突破难点,首先,要深入钻研教材,从知识结构上,抓住各章节和每节课的重点、难点;其次,要认真研究学生,根据学生实际的认知水平,并考虑到不同学生认知结构的差异,把握好教学重点和难点。说课前的精心准备、准确定位,是说课突出重点和突破难点的前提条件。

(2)找准知识的生长点是突出重点、突破难点的条件

每一学科都是系统性很强的学科。那么教学就是要借助于学科的逻辑结构,引导学生由旧入新,促成由已知到未知的推理,认识简单与复杂问题之间的联系,不断完善认知结构,不断实现知识的迁移。新知识的形成都有其固定的知识生长点,找准知识生长点,才能突出重点、突破难点。我们可依据以下两点找准知识生长点:第一,有的新知识与某些旧知识属同类或相似,要突出"共同点",进而突破重、难点;第二,有的新知识由两个或两个以上旧知识组合而成,要突出"连接点",进而突破重、难点。

(3)采用合适的教学方式是突出重点、突破难点的关键

教师的教学应该以学生的认知发展水平和已有的经验为基础,面向全体学生,注重因材施教。教师要发挥主导作用,处理好讲授与自主学习的关系,通过有效的措施,引导学生独立思考、主动探索、合作交流,使学生理解和掌握基本知识与技能、思想与方法。即根据学生实际,采用合适的教学方式是突出重点、难点的关键。

(4)信息技术的合理应用是突出重点、突破难点的保障

当前,现代信息技术已经成为学生学习和解决问题的强有力工具。因此,在突出教学重点和突破教学难点的过程中,要充分发挥现代信息技术的优势,化动为静,化隐为显,化难为易,化抽象为直观,并通过与传统技术的联合、互补,有效促进教学重点、难点的突破。

(四)提高说课有效性

1.说教材起点要高

教材是进行教学的评判凭据,是学生获取知识的重要来源,为了把握好教学目标、教学重难点,教师要站在高点俯视教材,即教师说教材起点要高。任何一门学科,都有一个相对完整的学科知识体系。每节课的内容都是这个体系中的一部分,教师除了准确说出本节课的内容、知识点外,还要准确把握本节课内容在知识体系中的地位、作用和前后关系,深入了解教学大纲对本单元的要求,从而准确把握大纲对这节课的要求。这样,本节

课的教学目标、重点也就可以准确确定。同时,结合学生认识水平制定出本课的教学难点及突破方法和手段。教师只有站在高点,制定的教学目标才能全面、适当、具体。

2.说教法要有新意

说教法包括说教学方法、教学手段、教学媒体的运用。具体内容包括采用的教学方法及依据,教学媒体使用的具体细节和所要起的作用。教师在熟悉教材的前提下,必须突出学生的主体地位,即学生自身发展的主体,其自主性、能动性和创造性应当充分受到尊重,给予其展现的机会。在教学方法上,必须体现教与学的交融,重视教法与学法的相互转化。教师的教是教学生去学,教是为学服务的,教是为了"不教"。在教法的具体选择上要准确、具体,要有新意,传统的"一支粉笔、一本书"的教学方法既难以吸引学生,又难以体现以"教师为主导、学生为主体"的原则。在说课时要说出符合本课教学的有新意的教学方法,如通过各种媒体的运用采用启发式教学、讨论式教学等。只有教法新颖、得当,教师才能有条不紊地施教,学生才会兴趣盎然地受教。当然,教法有新意,不是要教师一味求新、求异,教师要从教材的实际出发,从学生的实际出发,遵循"由浅入深,循序渐进,由感性到理性"的认识规律。总之,"教学有法,而无定法,贵在得法",教师必须找准出发点,采取切实可行的教学方法,从而实现教学所要达到的目的。

3.说学法要灵活

说学习方法,重点要说出如何根据学生的知识基础、生活经验及能力等情况确定学法,以及制定依据、具体安排,教给学生哪些学习方法,培养学生哪些能力,激发学生学习兴趣,调动学生的学习积极性。由于班级学生的基础各不相同,学习态度也各不相同,只有学法灵活、合理,才能激发学生的情感和思维,调动学生学习的积极性。在说课时说出如何树立面向全体学生的思想,实行分层优化,采取建立帮带小组,实行小组讨论等方法,使"优生能吃好、中等生能吃饱、差生能吃了"。采用灵活的学法,同样要遵循理论联系实际的原则,以及传授知识和发展能力相结合等原则,做到"主体参与,分层优化,及时反馈,激励评价"。

4.说教学程序要精练

说教学程序是说课的重点。即说说你准备怎样安排教学的过程,为什么要这样安排。说教学程序要精练,要体现科学性,循序渐进,不要过于烦琐,要与流水账式的条款罗列区别开来。作为说课的重点,说教学过程要精而不简,把自己教学中的几个重点环节说清楚,主要有新课的导入、课题的提出、新知识的展开、重点训练、巩固练习、课堂小结、作业布置、板书设计及时间如何支配等。在几个过程中要特别注意把自己教学设计的依据说清楚,如何突出重点、突破难点以及各项教学目的的实现,教学过程中双边活动的组织及调控反馈措施。教学过程的每一个环节对整个说课的效果都有很大的影响。例如,新课导入的启迪性,课题提出的新颖性,新知识展开的循序渐进性,重点训练的有效性,作业布置的合理性,板书设计的巧妙性等。

此外,说课有时还要说疑,对于教师在备课中自己拿不准的疑点,在说课前虚心地求教其他教师,在说课中敢于说出自己的疑问,共同探讨,从而提高教学效率。一堂好的说课,对从教育学到心理学,从语言表述到整体结构的构思,都提出了很高的要求,要做到这些,并非易事,还需要认真学习,深入研究,不断探讨。

(五)加强学法指导

说学法是说课内容的重要组成部分,是教师说课活动中的一个难点,也是检测教师在备课时是否摆正学生主体地位的主要手段。说学法要求教师既说学生用什么方法、为什么要选用这些方法和怎样运用方法,也说在课堂上怎样实施学法的指导,怎样使学法的指导渗透在学习活动中。说学法,要遵循教材的地位、特点及学生的实际需要。

1.如何把学法指导渗透到教学中

(1)要体现出坚持全过程和全面的指导。

学生学习的各个环节是相互制约的。因此,在说课过程中,要体现出对学生学习的每一个环节的指导,如果只在学习的某个环节进行指导而忽视了另外的环节,就难以取得理想效果。作为教师,需依据本学科特点,征求学生的意见,结合学生的年龄特征,给学生制定如下学习流程:观察(质疑)—预习(了解)—听课(理解)—复习(掌握)—应用(巩固)。对上述每一个环节都提出几项具体要求,让学生按照要求去做。另外,学生的学习活动还涉及态度、基础、能力、心理、环境等因素,所以学法指导必须对上述各种因素也要加强指导,使学法指导渗透到各方面,贯穿于教学的全过程。

(2)要针对学生特点和实际问题进行个性化指导。

心理学研究表明,中小学生年轻好动,知识面较窄,思维能力较差,注意力不能持久。因此,在说课时要体现出对学生的指导具体、生动、形象,通过典型事例,对学生进行启发和引导,侧重于具体学习技能的培养,使学生养成良好的学习习惯。另外,学生的智力、基础、态度、接受力、理解力均存在差异,所以对不同类型学生的指导应有所区别。

(3)要注重激发学生的学习积极性。

这是对学生进行学法指导的根本目的,即改变学生的"要我学"为"我要学"。指导学生弄清学习的目的和要求,形成学习的内在需要,产生自觉的学习行为。成功的学习是学习进取的催化剂,在学习中,要鼓励学生实践,增加学生学习成功的体验,激励学生主动地学习。

2.学法指导应注意的几个问题

(1)讲民主,忌强迫。

学法指导过程中,教师仅是个指导者,由于学生也有他们自己的学习方法,所以要给学生留出思考、尝试、选择的空间,非强制监督性的建议,更易于被学生接受,从而唤起学生的自主意识,做学习的主人。

(2)有计划,忌盲目。

对学生进行哪方面的指导,在什么时间指导,都要认真考虑,要有目的性、计划性、系统性,切忌随心所欲,想到哪说到哪,否则不会起到应有的作用。

(3)有耐心,忌急躁。

一个好的学习方法需要长时间的强化巩固才能形成。因此,教师在这方面要有耐心,有针对性地反复强化,鼓励学生在学习中细心体会成败得失,总结深化,切忌急于求成。

(4)有应变,忌呆板。

随着学习内容的不断拓展和学习程度加深,有些学习方法要不断调整、完善、改进,而且学生的实际情况也是千差万别、不断变化的,这就要求学法指导也要与时俱进,切忌把某一种方法当成"万能钥匙",否则学法指导很难落到实处。

(六)掌握说课技巧

要让说课脱颖而出,必须做到以下几点:

1.心态良好

由于说课者面对的对象不是学生而是评委,评委又大多由本专业领域的资深人士担任,因此,调整好说课的心态,克服怯场心理是非常重要的。说课者应具有稳定的情绪,抱有一颗平常心,不急不躁而又信心满怀,相信通过自己的努力,教学水平一定能得以充分地发挥,否则,就有可能发挥失常,导致说课失败。

2.深挖教材

教材是教师说课的重要依托,说课质量的高低,取决于对教材分析的深入程度。简言之,要做到发人所未发、言人所未言,做到人无我有、人有我新。如果能挖掘出让评委教师耳目一新的东西,效果会更好。

3.饱含激情

激情是一种迅速强烈地爆发而时间短暂的情感。巴甫洛夫说:"科学是需要人的高度紧张性和很大激情的。"四十五分钟的课堂让教师始终充满激情有点困难,但说课的几分钟里面饱含激情是完全可以做到的。激情能激励说课人克服胆怯,忘我投入;激情能感染听课人,营造氛围;激情就像催化剂,能为教师的说课增光添彩,事半功倍。

4.巧用语言

说课语言可分为独白语言和教学语言,两种语言的使用是有区别的,也是有技巧的。

说课时使用较多的是独白语言,教材分析、教学依据、教法学法、过程叙述都要用这种语言。独白语言要用足够的音量,清晰地传入在场的每一个人耳朵。语速的缓急要适当,语调的轻重抑扬要恰如其分,让听者从你的顿挫升降中体会出说课重点、难点和内容的变化。

新颖有趣的课堂导语、简明扼要的结束语以及富有启发性的提问语,宜使用教学语言,说课者要把听课人看成是自己班上的学生,语气要生动,有亲和力,力求感染学生,调动学生思维的积极性。同时,把听者带入到你的课堂教学中去,未进课堂却仿佛看到了你上课的影子,推测到了你的课堂教学效果。

巧妙使用教学语言,目的就是要把精彩的课堂内容用最恰当的语言形式表现出来,达到"说的比唱的好听"的效果。

5.扬其所长

聪明的说课者总是想方设法地把自己最得意的东西展示给评委,普通话标准的可以把说课语言表现得淋漓尽致,粉笔字漂亮的可以在板书课题时露一手,善于抒情者可以以情感人,精于设计者可以在教学环节的安排上别出心裁……总之,要"八仙过海,各显神通",哪一面漂亮就重点"秀"哪一面。

三、说课后的反思提升

(一)说课后自我反思的重要性

在教学实践中,我们发现有部分教师说课后,不进行说课反思,一方面是由于思想上不够重视,说课结束就意味着任务的完成,一堂课后,不作任何填写;另一方面,有的教师为了应付检查,在说课前就已经写上反思内容,而没有真正理解"反思"的重要作用所在。为什么要反思?"反思教学"就是教师自觉地把自己的课堂教学实践,作为认识对象而进行全面而深入的冷静思考和总结。同样,说课反思也是对自己说课的过程得失进行总结和思考,是一种用来提高自身的业务、改进教学实践、优化教学的方式。通过反思可以不断地记录教学过程中的得失和感悟,可以不断地审视我们的教育教学理念和教学行为的效果。写教学反思,有话则长,无话则短,贵在及时,贵在坚持。长期积累,必有"集腋成裘、聚沙成塔"的收获。美国心理学家波斯纳提出了教师成长的公式:成长＝经验＋反思。著名教育家叶澜有句名言:"一个教师写一辈子教案难以成为名师,但如果写三年反思则有可能成为名师。"这些名言充分说明了教学反思的重要性。

(二)说课后自我反思的基本思路

1.反思导语设计是否起到了引领课堂的作用

说课开始了,开场白成了进入说课的引子,分量不重,但是不可缺少。精彩的导语可以恰如其分地营造说课氛围,最大限度地激发听课者的兴趣。

那么在说课结束后,导语就是我们首要反思的内容。有时候老师过分地注重了语言的精美和华丽,却忽视了导语必需的简洁、明快;有时过分简洁,却又让听课者无法把握老师的教学意图,疑惑不解。我们的导语是否完成了肩负布置说课任务的使命?是否真正起到了引导的作用?这些都需要老师在说课前对说课过程进行合理构思,以便确定最恰当的导语。

2.反思教学行为是否达到教学目标

新课标要求我们在制定每节课(或活动)的教学目标时,要特别注意培养学生的科学素养,科学素养一般从知识、能力、情感态度与价值观"三个维度"来确定,因为对学生的可持续发展来讲,能力、情感态度与价值观,其适用性更广,持久性更长。许多知识都随着时间的推移而被遗忘,更何况当今知识更新的速度极快,只要具备获取知识的能力,就可以通过许多渠道获取知识。所以,情感、态度、价值观必须有机地融入说课内容中去,并有意识地贯穿于说课过程中,使其成为说课内容的血肉,成为说课过程的灵魂。

3.反思是否创造性地使用了教材

教材,历来被作为课程之本,而在新的课程理念下,教材的首要功能只是作为教与学的一种重要资源,但不是唯一的资源,不要局限于课本,要适时补充相关发展趋势与有关知识点等材料,给学生提供丰富多彩的学习营养。同时,教师不仅是教材的使用者,也是教材的建设者。我们在创造性地使用教材的同时,可以在"说课后反思"栏中对教材使用的经验与体会进行梳理与总结,为教材的使用提供建设性的意见,使教师、教材和学生成为课程中和谐的统一体。

4.反思说课过程是否存在着"内伤"

要反思自己是否在刻意追求所谓的"好课"标准:教学环节中的"龙头""凤尾""铜腰"个个精雕细琢,教学手段中的"电媒""声媒""光媒"一个不能少。这种"好课"似乎无懈可击,但有没有给听课者留有思考的空间?有没有关注学生情感、态度、价值的变化?学生的创造性何在?对这些"内伤"必须认真回顾、仔细梳理、深刻反思、无情剖析,并对症下药,才能找出改进策略。

5. 反思说课过程中是否迸发出"智慧的火花"

说课,不仅仅是一种告诉,更重要的是如何引导听课者在情境中去经历、去体验、去感悟。说课过程中,说课者常常会于不经意间产生出"奇思妙想"、生发出创新火花,教师不仅应在说课时及时捕捉这些细微之处流露出来的信息,加以重组整合,更应利用说课后反思去捕捉、提炼,这样,既为教研积累了第一手素材,又可拓宽教学思路,提高说课水平。将其记录下来,可以作为教学的宝贵资料,以供研究和共享。

6. 反思说课过程是否关注学生的个性差异

学生的个性差异是客观存在的。成功的教育者,必须根据学生的个性特长、禀赋优点,因材施教,因人施教,因类施教,充分发挥学生的个性特长,让性格各异的学生争奇斗艳,各领风骚,让每一个学生都有施展才能的天地与机会。换言之,成功的说课设计应关注如何让基础好的学生"吃得好"、跑得快,让中等生"吃得饱"、跑得远,让学困生"吃得了",不掉队。因此,在说课中,无论是情境的创设还是内容的呈现,无论是问题的设置还是释疑解惑,均应"为了一切学生",多层次、多维度、多渠道地开展教育活动。因为教育的最大使命就是尊重学生的个性差异,尽可能地在说课设计中创设条件发展学生的思维能力,培养学生的思维品质,促进全体学生的发展。

7. 反思说课过程中多媒体的运用是否恰到好处

多媒体课件在说课中的作用是有目共睹的,它具有信息量大、简洁灵活、传递迅速、形象直观、声画兼备、操作简便等特点,已经被越来越多的教师接受应用。它可以解决说课中的许多难题,可以有效地创设情境,提供丰富的教学材料。但是,有些老师走入了多媒体教学的误区:说课中的每一个环节都要运用多媒体,媒体成了说课的中心。老师讲解得很少,教学目标被淡化,重点得不到突出,促使听课者看得眼花缭乱,目不暇接。有的教师为了追求课件的精美,花费了大量的时间和精力,没有时间去钻研教材、深入学生,反而降低了教学效果。因此,我们要认识到,在教学中,多媒体不是万能的,它不能代替师生之间的情感交流,它只是说课的一个辅助工具,只有在需要的时候用到它,才可以达到让它为我们教学服务的目的。

8. 反思教学过程设计是否遵循认知规律

教学过程是一种特殊的认知过程,它包含两方面的意义:其一,教学过程本质是一种认知过程;其二,这种认知又不同于一般认知或其他形式的认知,它是在教师有目的、有组织、有计划的指导下,学生主动地接受人类间接经验和知识的师生共同活动的过程。在这个过程前,教师为了使学生能掌握教学大纲及教材规定的知识要求和能力要求,必须精心制定最优化的教学方案,编制教材教法程序,运用多种教学进行科学组织和设计。在教学过程中,按照拟定的设计方案,随时结合现状修正方案并将之实施。教学过程应充分体现教师的主导作用和学生的主体作用。根据所教学科的特点,在教学过程设计中,尽量让学生通过自己的探索、思考、观察、操作、想象、质疑和创新等丰富多彩的认识过程来获得知识,让结论和过程有机地融合起来,使知识和能力得到和谐发展。一个教学过程设计的优劣,显然要由最终的教学效果和时间效益来评定,而教师的教学过程的设计水平直接决定了学生的学习效果和课堂教学的效益。

第八章　师范生就业程序与就业权益保障

第一节　师范生就业程序

就业作为每个毕业生都必须亲自完成与经历的选择活动与过程,不仅要受国家就业法规与政策的约束,而且必须遵循一定的原则和程序。了解并熟悉就业程序,有助于成功就业。

一、就业程序

毕业生就业工作一般从毕业生在校的最后一学年开始,一般有以下程序。

第一,由学校提供就业信息,并负责推荐

(1)基础准备。择业中所有个人佐证材料的整理与搜集。

(2)就业信息搜集。填写信息表格→了解就业政策→分析各种就业形势→锁定就业意向。

(3)择业前准备。提高就业技巧→准备个人自荐材料→准备面试物品(如服饰和资金等)。

第二,毕业生与用人单位供需见面、双向选择。

(1)第一择业高峰,利用获得的就业信息,开始有针对性地择业应聘。总结和反思择业中的得失,调整择业心态和目标,力争择业能力的再提高。

(2)第二择业高峰来临,再次为择业成功而努力。同时,这一阶段也是考研失利的同学择业的最佳时期。

第三,用人单位向学校返回接受意见

第四,毕业生与用人单位、学校签订《毕业生就业协议书》。

第五,由学校将毕业生落实的就业计划上报上级主管部门或教育部。

第六,经上级主管部门或教育部审核批准后下发,由省、市地方调配部门按计划派遣。毕业生进行最后的就业准备,根据已确定的职业角色要求,做好岗前准备,办理毕业离校手续。

二、就业材料介绍

(一)就业协议书

1.定义与作用

《全国普通高等学校毕业生就业协议书》(以下简称《就业协议》),是普通高等学校毕业生和用人单位在正式确立劳动人事关系前,经双向选择,在规定期限内确立就业关系、明确双方权利和义务而达成的书面协议,是用人单位确认毕业生相关信息真实可靠及接收毕业生的重要凭据,也是高校进行毕业生就业管理、编制就业方案及毕业生办理就业落户手续等有关事项的重要依据。协议在毕业生到单位报到、用人单位正式接收后自行终止。《就业协议》一般由国家教育部或各省区市就业主管部门统一制表。

《就业协议》与劳动合同是用人单位录用毕业生时所订立的书面协议,但两者分处两个相互联系的不同阶段。

(1)《就业协议》是毕业生在校时,由学校参与见证的、与用人单位协商签订的,是编制毕业生就业计划方案和毕业生派遣的依据。劳动合同是毕业生与用人单位明确劳动关系中权利与义务关系的协议,学校不是劳动合同的主体,也不是劳动合同的见证方,劳动合同是上岗毕业生从事何种岗位、享受何种待遇等权利和义务的依据。

(2)《就业协议》的内容主要是毕业生如实介绍自身情况,并表示愿意到用人单位就业,用人单位表示愿意接收毕业生,学校同意推荐毕业生并列入就业计划进行派遣。劳动合同的内容涉及劳动报酬、劳动保护、工作内容、劳动纪律等方方面面,更为具体,劳动权利与义务更为明确。

(3)一般来说《就业协议》签订在前,劳动合同订立在后。如果毕业生与用人单位就工资待遇、住房等有事先约定,亦可在《就业协议》备注条款中予以注明,日后订立劳动合同对此内容应予认可。

(4)《就业协议》是毕业生和用人单位关于将来就业意向的初步约定,对于双方的基本条件及即将签订劳动合同的部分基本内容大体认可,并经用人单位的上级主管部门、高校毕业生和用人单位签字盖章承诺履行协议,高校不作为第三方。高校只在"有关信息及意见"一栏填写(或制作长条章加盖)学校的联系电话、邮箱、邮寄地址及相关意见等信息。《就业协议》一经毕业生、用人单位、高校、用人单位主管部门签字盖章,即具有一定的法律效力,是编制毕业生的就业计划和将来可能发生违约情况时的判断依据。

(5)现实中存在必须先签订《就业协议》,学校才发毕业证的尴尬现象(不签三方协议,不发毕业证)。这样,《就业协议》不是毕业生和用人单位关于将来就业意向的初步约定,而是未毕业生和用人单位关于将来就业意向的初步约定。

2.就业协议书的基本内容

(1)高校毕业生基本情况,应包括:姓名性别、身份证号、专业、学制、毕业时间学历、联系方式等。

(2)用人单位基本情况,应包括:单位名称、组织机构代码、单位性质、联系人及联系方式、档案接收地等。

(3)高校毕业生和用人单位约定的有关内容,可包括:工作地点及工作岗位户口迁入地;违约责任;协议自动失效条款,协议终止条款;双方约定的其他事宜。

(4)各方应严格履行协议,任何一方若违反协议,应承担违约责任。

(5)其他补充协议。

3.协议由甲方(用人单位)和乙方(高校毕业生)同意签订

(1)甲方应如实向乙方介绍情况,经了解,同意接收乙方,并负责办理有关接收手续。

(2)乙方应如实向甲方介绍情况,同意到甲方工作,服从甲方的工作安排。

(3)甲乙双方如有其他约定,应在备注栏明确,并视为本协议书的一部分。

(4)双方中有一方要变动协议,须提前一个月征得对方的同意,否则按违约处理。

(5)本协议一式三份,分别由甲方、乙方和学校就业工作部门留存,复印件无效。

(6)就业协议书由各省级高校毕业生就业工作主管部门或高等学校印制,由学校统一发放给毕业生。

4.双方在订立就业协议时必须遵循的基本准则

(1)主体合法原则:签订《就业协议》的当事人必须具备合法的主体资格。对毕业生而言,就是必须取得毕业资格,如果学生在派遣时未取得毕业资格,用人单位可以不予接收而无须承担法律责任。对用人单位而言,用人单位必须具有从事各项经营或管理活动的能力,单位应有录用毕业生计划和录用自主权,否则毕业生可解除协议而无须承担违约责任。

(2)平等协商原则:《就业协议》的双方在签订就业协议时的法律地位是平等的,一方不得将自己的意志强加给另一方。学校也不得采用行政手段要求毕业生到指定单位就业(不包括有特殊情况的毕业生),用人单位亦不应在签订《就业协议》时要求毕业生交纳过高数额的风险金、保证金。双方当事人的权利义务应是致的。除协议书规定的内容外,双方如有其他约定事项可在协议书"备注"内容中加以补充确定。

5.签订步骤

《就业协议》的订立一般要经过两个步骤,即要约和承诺。

(1)要约。

毕业生持学校统一印制的就业推荐表或复印件参加各地供需洽谈会(人才市场),进行双向选择,或向各用人单位寄发书面材料,应视为要约邀请。用人单位收到毕业生材料,对毕业生进行考察后,表示同意接收并将回执寄到高校毕业生就业工作部门或毕业生本人,应为要约。

(2)承诺。

毕业生收到用人单位回执或通过其他方式得到用人单位答复后从中做出选择并到学校毕业生就业工作部门领取《就业协议》,与用人单位《签订协议》,即为承诺。由于毕业生就业工作比较烦琐,比较具体,有时很难明确区分要约和承诺这两个步骤。比如:有的毕业生参加公务员考试,达到面试线后,到用人单位参加面试、体检,用人单位也对毕业生进行政审、阅档,表示同意接收,在这种情况下,毕业生应与该用人单位签订《就业协议》,而不应再选择其他单位。又如,用人单位到学校挑选毕业生,毕业生自己主动报名,经学校积极推荐,用人单位表示同意接收,但回到单位后要正式发函签协议,在这种情况下,毕业生应安心等待与用人单位签约,而且不能出尔反尔,以未签正式签协议为由,置学校信誉于不顾,在这过程中与其他单位签约,同时,这样也减少了其他毕业生的就业机会。

6.签订的注意事项

(1)毕业生和用人单位达成协议并在《就业协议》上签名盖章,用人单位应在协议书上注明可以接收毕业生档案的名称和地址。

(2)用人单位上级主管部门批准盖章。

(3)用人单位必须在与毕业生签订协议书起的十个工作日内将协议书送到学校毕业生就业工作部门。

(4)由毕业生就业工作部门在协议书"乙方基本信息"中的"学校有关信息及意见"一栏填写(或制作长条章加盖),补盖学校就业部门公章,并及时将协议书反馈给用人单位。

7.无效协议

无效协议是指欠缺就业协议的有效要件或违反就业协议订立的原则从而不发生法律效力的协议。无效协议自订立之日起无效。

(1)有的就业协议书对毕业生显失公平,或违反公平竞争、公平录用的原则。

(2)采取欺骗等违法手段签订的就业协议无效,如用人单位未如实介绍本单位情况,根本无录用计划而与毕业生签订就业协议。无效协议产生的法律责任应由责任方承担。

8.协议解除

为了维护就业协议书的严肃性和学校的声誉,毕业生与用人单位签订《就业协议》后,毕业生和用人单位都应认真履行协议。倘若毕业生因特殊原因要求违约,应承担违约责任。已签订《就业协议》的毕业生,如要违约,须办理解约手续。

(1)步骤。

①到原签协议书的单位办理书面同意的解约函(盖单位公章)。

②向学校毕业生就业工作部门提出书面申请(阐明解约理由),并附上单位及其上级人事主管部门审核同意的解约函,交招生就业办。

③学校毕业生就业工作部门根据有关规定审批换发新的《就业协议》。

(2)《就业协议》的解除分为单方解除和两方解除。

单方解除,包括单方擅自解除和单方依法或依协议解除。单方擅自解除协议属违约行为,解约方应对另一方承担违约责任。单方依法或依协议解除,是指一方解除就业协议有法律上的或协议上的依据,如学生未取得毕业资格,用人单位有权单方解除就业协议;毕业生被录用之后,用人单位可解除就业协议,依协议规定,毕业生未通过用人单位所在地组织的公务员考试,用人单位有权解除协议。此类单方解除,解除方无须对另一方承担法律责任。

两方解除是指毕业生和用人单位双方经协商一致,消灭原订立的协议,使协议不发生法律效力。此类解除因是双方当事人真实意思表示一致的体现,双方均不承担法律责任。两方解除应在就业计划上报主管部门之前进行,如就业派遣计划下达后两方解除,还须经主管门批准办理调整改派。

(3)违约后果。

《就业协议》一经毕业生、用人单位签署即具有法律效力,任何一方不得擅自解除,否则违约方应向权利受损方支付协议条款所规定的违约金。从实际情况来看,就业违约多为毕业生违约。

(4)违约结果。

毕业生违约,除本人应承担违约责任,支付违约金外,往往还会造成其他不良的后果。主要表现在:

①就用人单位而言,用人单位往往为录用毕业生做了大量的工作,有的甚至对毕业生将要从事的具体工作也有所安排。同时毕业生就业工作时间相对比较集中,一旦毕业生因某种原因违约,势必使用人单位的录用工作付之东流,用人单位若再选择其他毕业生,在时间上也不允许,从而使用人单位陷入被动的局面。

②就学校而言,用人单位往往将毕业生违约行为认为是学校的过错,从而影响学校和用人单位的长期合作关系。用人单位由于毕业生存在违约现象,而对学校的推荐工作表示怀疑。从历年情况来看,一旦毕业生违约,该用人单位在几年之内都不愿到学校来挑选毕业生。面对激烈的就业竞争,用人单位的需求就是毕业生择业成功的前提,如此下去,必定影响今后学校的毕业生就业工作,同时影响学校就业计划方案的制定和上报,并影响学校的正常派遣工作。

③就其他毕业生而言,用人单位到校挑选毕业生,一旦与某毕业生签订就业协议,就不可能再录用其他毕业生。若日后该毕业生违约,有些当初有希望到该用人单位工作的其他毕业生由于录用时间等原因,也无法补缺,影响其他毕业生就业。因此,毕业生在就业过程中应慎重选择,认真履约。

9.意义

(1)概述。

《就业协议》作为用人单位、毕业生之间的一份意向性协议,不仅能为毕业生解决工作上存在的问题,明确毕业生在寻找工作阶段的权利与义务,也保障了用人单位能够从不同学校找到合适、优秀的毕业生。

(2)具体作用。

第一,明确毕业生在寻找工作阶段的权利与义务,约束签订劳动合同的时间、劳动合同的内容等。当发现所要签订的劳动合同与就业协议不一致,特别是出现对维护毕业生权益不利的情况时,毕业生应该要求用人单位按照已经签订生效的就业协议,制定新的劳动合同,使其内容符合就业协议。第二,保障用人单位能方便地直接从学校方面调出该毕业生真实的档案、资料,以便用人单位能够清楚了解毕业生真实情况。

10.注意事项

须注意的是,学校同意盖章这一步一定要最后执行,以保护学生的权益。

(1)毕业生和用人单位在《就业协议》上签名盖章。

(2)用人单位上级主管部门批准盖章。

(3)用人单位必须在与毕业生签署协议书起的十五天内,将协议书送学校毕业生就业工作部门。

(4)学校同意盖章,并及时将意见反馈给用人单位。

(5)采用欺骗等手段签署的《就业协议》无效,并由欺骗责任方承担违约责任。

(6)毕业生如需调整就业单位,在本市、县、区范围内的,由当地毕业生就业主管部门办理调整手续;跨地区的,由两地毕业生就业主管部门办理调整手续;从市、县、区调整到省级、中直单位,或从省级、中直单位调整到市、县、区的,或跨省(自治区、直辖市)调整就业去向的,由省高校毕业生就业指导中心办理,每位毕业生只允许调整一次就业单位。

(7)毕业生办理就业手续截止日期为6月30日。

(8)毕业生办理就业调整时,须携带如下材料:

①原就业报到证。

②以前已落实就业单位的,须出具原就业单位同意解除协议并经上级就业工作部门审核同意的书面意见。

③现已落实单位的,须出具与就业单位签订的并经上级就业工作部门审核同意的《就业协议》;或是就业单位出具的,并经上级就业工作部门审核同意的书面接收意见。

(9)已落实单位的毕业生如落实新用人单位,可凭原就业协议书(一式三份)和解除协议证明,向招生就业办申请换发新就业协议书,改派由学生自行到省教育厅签发新的就业报到证。

(二)相关证件遗失后的处理方式

毕业证书遗失:本证遗失不补,学校给予出具证明。

学位证书遗失:本证遗失不补,学校给予出具证明。

户口迁移证遗失:向发证户籍中心挂失,并补办。

就业协议书遗失:登报声明作废,携带报纸及系审核同意的书面材料到招生就业办补办(指已签好的就业协议书)。

毕业生如遗失《就业协议》,请于就近的报社登报声明作废,随带报纸经所在系负责大学生就业工作的老师签署意见,至招生就业办,招生就业办审核同意后予以补发。补发的《就业协议》上注明"该生原件已遗失,此份为遗失补办件",以示有别于正式的《就业协议》。

毕业生如谎报遗失《就业协议》,视情节轻重给予相应校规校纪处分。

协议区分:

大学生毕业前后往往要签署三份协议,即实习协议、就业协议、劳动合同,但是不少学生和用人单位不能区分三份协议的特点和效力。

实习协议是指在校学生通过参加实习单位的实际工作进行实践学习,明确双方权利与义务的协议;就业协议是指在校学生毕业前与学校、用人单位三方签订的协议,目的在于约束学生和用人单位在毕业后建立的劳动关系;劳动合同是指劳动者与用人单位建立劳动关系,明确双方权利与义务的合同。

(三)就业派遣、档案、户口、组织关系转接

1.就业派遣

从传统理念来说,就业派遣表面上只是报到证的打印和签发。随着高等教育大众化及高校毕业生就业市场化,就业派遣的内涵除了报到证的打印和签发之外,还包括对就业政策的理解,对就业信息的搜集和报送,对毕业生的就业指导,就业率的统计,等等。

根据教育部的规定,地方毕业生就业主管部门和高等学校按照国家的有关政策派遣

毕业生。派遣毕业生统一使用《全国普通高等学校毕业生（毕业研究生）就业报到证》，该报到证由教育部授权地方毕业生就业主管部门审核签发。

报到证的全称是"全国普通高等学校本专科毕业生就业报到证"（也简称"派遣证"），是列入国家计划内招生的大中专毕业生的一种重要标志，由教育部直接印刷，省级高校毕业生就业管理部门单独签发，列入国家就业计划的毕业生才能持有效报到证件。用人单位以报到证为依据，接转毕业生的人事档案，接收安排毕业生工作。报到证是一个从学生身份转变为工作者身份的标志性材料，是人事关系正式从学校转移到用人单位的证明。

报到证的作用如下：
①到单位报到用，并开始计算工龄。
②落户口的时候需要。
③转正和干部身份的证明。
④变更单位时可能需要。

派遣证对于毕业生今后进入国家机关和事业单位工作、参加国家重点工程项目的工作、申请出国留学等方面具有非常重要的作用。派遣证只能是全日制本专科毕业生在毕业时规定的时限内获得，一旦错过不能补办。获得派遣证后，毕业生可以进入国家人事干部管理系列，否则只能进入劳动力市场。

2.档案

人事档案是记录一个人的主要经历、政治面貌、品德作风、德才能绩、学习和工作表现等个人情况的文件材料，起着凭证、依据和参考的作用，在个人转正定级、职称申报及开具考研等相关证明时，需要使用到，是以学生个人为单位集中保存起来以备查的文字、表格及其他各种形式的历史记录。

对于毕业生个人来说，考研、考公务员、出国、升学、结婚、生育等，都要用到档案，否则将无法办理相关证明。当公务员或进入事业、企业单位工作时，个人在职业生涯中定级、调资、任免、晋升、奖惩等方面的呈报、审批材料都要记入本人档案，作为评价依据。如果有考公务员的意向，档案必须保管好。如果未归档，今后会影响到入党、升学，影响到评定职称、考研政审、劳动保险及日后的离退休手续办理，也会影响到出国留学。另外，工龄、待遇、社保受保时间等也是以个人档案的记录为依据的。如退休时需要依据档案认定个人出生时间，从而确定退休时间；需要确定个人参加工作时间，从而确定开始缴费或视同缴费的时间，以计算养老金等。除了领取养老金外，其他社会保险，如领取失业金等，也与个人档案相关。

高校毕业生的档案，可通过县以上党委组织部门和政府人事部门所属机构进行保管。人事档案在个人手中保存或在无档案管理权的单位保存的，应凭就业报到证先到当地政府人事部门所属人才服务机构补办有关手续，完善档案材料，然后将档案移交到人才市场，及时办理人事代理和档案托管相关证明。

按国家政策规定，组织、人事部门所属的各级人才交流机构具有资格保存大中专毕业生就业后的人事档案，各种私营民营企业、乡镇企业、中外合资或独资企业都无权管理员工的人事档案，一般由各级人才交流机构托管。毕业生也可以以个人名义委托人才交流机构管理人事关系。

3.户口、组织关系的转递及注意事项

(1)户口迁移。

入学时户口证在学校的毕业生,离校前还需办理户口转移手续,将户口迁至用人单位所在地或生源地。该项工作一般由学校户籍管理部门统一到辖区公安机关按规定办理户口迁移证,再发放给毕业生本人。

(2)组织关系的转移。

毕业生离校前还要到学校党、团组织部门办理组织关系转出手续。

党员组织关系转移注意事项：

第一,党员组织关系介绍信是党员政治身份的证明,是党员变动组织关系的凭证。

第二,毕业生要与接收党员组织关系的单位组织部门联系,核实接收党员组织关系的党组织名称。

第三,所去单位党组织机构不健全的,可将党员组织关系转到所去单位上级主管部门的党组织或单位所在地或居住地或区县级以上人才服务机构的党组织。党员组织关系转到区县级以上人才服务机构,首先要办理人事代理；转到本人或父母居住地党组织的,要征得对方同意。

第四,认真核准党员组织关系介绍信上的隶属党组织名称、党员姓名、性别、年龄、民族、是否正式或预备党员、身份证号码,接收党员组织关系的单位,党费交至何月及联系电话和所在党委通信地址是否正确,并注意接转党员组织关系的有效时间,确保准确无误。

第五,一定要妥善保管党员组织关系介绍信,不得涂改,不能遗失。

第六,到工作岗位后,应持党员组织介绍信尽快同党组织联系,务必在规定的有效期限内接转党员组织关系。需逐级接转的党员组织关系应逐级接转。无正当理由超过六个月未过组织生活、未缴纳党费的党员将按《党章》进行处理。

团员组织关系转移注意事项：

第一,团关系转移资料,包括团员组织关系转移介绍信、入团志愿书、团员证的转移。

第二,已经有工作单位的毕业生,团关系转移介绍信直接转到工作单位团委；暂没有找到工作的,团介绍信转移单位可暂不填写。

第三,团员证必须由团支部填清毕业生团关系转入、转出时间,每学期团员注册时,加盖团委同意注册章。

第四,入团志愿书通过毕业生档案转递。

4.毕业生报到

就业建议方案是以毕业生所签订的《就业协议书》为依据,在国家和省有关毕业生就业方针、政策的指导下,按照分级管理的原则编制。就业建议方案制定、报批时间一般为每年的六月中旬至八月底。高校八月底编制最终就业建议方案时,每个毕业生不管是否落实了就业单位,都必须列入。签订了就业协议书者,就业建议方案按就业协议书信息编列；未签订就业协议者,就业建议方案按生源所在地的人事或就业主管部门信息进行编制。

对于即将走上工作岗位的毕业生,了解如何办理报到、落户等手续与搜集就业信息和面试同等重要。只有熟悉就业过程中的基本操作流程,才能少走弯路事半功倍。

(1)报到手续。

毕业生凭"报到证""户籍迁移证",已就业者需带"就业协议书",党员需带"组织介绍信",在规定的期限内到指定的人事部门办理报到、户口迁移、组织关系接转、人事代理等手续,人才交流机构将提供相应的人事服务,保障毕业生的合法权益。

对毕业离校时未落实工作单位的毕业生,学校暂缓派遣,档案及户籍关系保留至毕业当年8月30日。在8月30日仍未落实就业单位的,以未就业形式开具报到证,将毕业生的人事及档案关系派回生源地人事或教育部门。公安机关按照户籍管理规定为其办理落户手续。

(2)报到材料。

目前,各地接收毕业生(包括回生源所在地)的限制主要表现为有无报到证。没有报到证,异地就业无法落户,甚至回家乡就业落户也受影响。从某种意义上讲,其和毕业证书、学位证书同等重要。所以说,报到证是非常重要的,请毕业生务必保管好自己的报到证,并在报到期限内到相关单位报到。

报到证只允许一人一份,由其他部门印制或签发的报到证无效。毕业生要妥善保管报到证,不论什么原因,凡自行涂改、撕毁的报到证一律作废。

(3)报到证的形式和内容。

报到证由蓝色上联和白色下联组成,上联(淡蓝色)发放给毕业生,由毕业生交报到用人单位,下联(白色,也叫通知书)存入学生本人档案。

报到证的具体内容有学生个人基本信息(姓名性别、毕业院校、专业、学历、修业年限)、接收单位名称,报到地址,档案材料寄送方式,报到期限和备注等。毕业生报到的期限原则上为两个月。

(4)毕业证、学位证。

毕业证证明毕业生具有正式学籍,学完学校教学计划规定的全部课程,成绩合格、准予毕业。本科和本科以上学历的毕业生,符合学校学位授予条件的,还应获得学位证。用人单位把毕业生能否获得毕业证、学位证作为接收的重要条件。

(5)户口迁移证。

毕业生到国有企事业单位和机关等用人单位工作的,户口关系一般随报到证迁移到用人单位所在地。毕业生到民营、外资合资等企业就业的,一般将户籍转往这些企业所在地的人才交流服务中心。

毕业生户口关系的转移,由学校户口管理部门到辖区派出所(户政中心)按就业方案标明的毕业生就业单位地址办理户口迁移证。毕业生领到户口迁移证后应仔细核对并妥善保管,不要折皱污损,更不能丢失,有错漏不能自行涂改,否则作废。在办理报到时由人才交流机构在"户籍迁移证"背面注明落户方向、盖章,然后到相应的政府办证中心公安窗口或乡镇派出所办理落户手续,具体落户方向的选择有父母家、单位、住所或人才交流机构集体户。户籍的管理机关是公安部门。虽说户籍改革的呼声很高,但目前各地的户籍政策还没有完全放开,特别是有些大城市由于人口太多,在这方面有很多限制。

具体的限制条件可到当地公安部门或人才交流机构进行政策咨询。一般人才交流机构均设有集体户口，所以部分毕业生可以借助人事代理来解决户口问题。当然还有些地区的人才机构没有开展这项代理业务，毕业生应事先做好相关咨询。

毕业生在毕业当年已经到人才交流中心办理了就业调整手续的，凭调整后人才交流中心签署了调整意见的报到证（人才交流中心在调整意见上应明确调整后的工作单位名称）、用人单位接收证明、毕业证书、身份证及户口迁移证等材料到落户地派出所（户政中心）办理落户手续。

未落实用人单位的毕业生，自派遣之日起三个月内，凭报到证、户口迁移证、毕业证书、户口本到生源所在地（一般指入学前的户籍所在地）的人才交流中心办理落户审批，再凭其出具的审批材料到派出所（户政中心）办理落户手续。派出所（户政中心）受理当年落户申请的截止时间一般是12月20日。如果不及时持户口迁移证到相应单位报到，户口没有进行迁入登记，就是我们俗称的"黑户"，将对毕业生今后的工作和生活（结婚、买房等）带来极大的影响，所以请毕业生一定要及时落户。另外，在高考录取后没有将户口迁到学校所在地的公安机关，而是将户口保留在原籍的部分学生，在毕业时可以凭就业报到证到原籍所在地的公安机关办理户口迁出手续。

(6)人事档案。

根据目前我国人事档案制度，每位学生都有自己的档案。档案的主要作用在于体现个人的经历，随工作调动而调动。学籍档案是指以文字资料的形式记录个人经历、政治面貌、品德作风等内容的书面材料，发挥着凭证、依据和参考的作用。档案里面有高考成绩、在校学习成绩，各方面的评语、家庭状况、在校期间的奖惩情况，还有入党（团）、毕业生登记表等原始材料，不可复制。学生毕业后学校在其学籍档案中存入"报到证"后，转到就业单位所属的人事部门或就业单位所在地的人才交流机构，这时的学籍档案就成了人事档案。学校保存学籍档案只是"存放"，不能起到人事档案的相关作用。

学校应将毕业生档案密封后统一通过邮政局的机要处进行转递或派专人送交人事部门或就业单位所在地的人才交流机构，不可以由毕业生自行携带。人才交流机构接档后及时审核档案中各类资料是否齐全、真实、无误，将档案回执签章返回学校。毕业生就业后签订的劳动合同、考核、职务任免奖惩职称评定、后取得的学历等重要材料，应及时送归档案中，以保证档案的完整性，并可以成为今后工资晋级、办理养老保险、开具出国和考研等有关证明，报考公务员、事业单位等的重要依据。各地人才交流中心均有为毕业生接收并管理档案的服务。

(7)党组织关系。

毕业生在校期间被发展为中国共产党党员或中国共产党预备党员，发展材料装进毕业生档案。毕业生毕业时要领取党组织关系介绍信，随报到证一起交到用人单位。在没有建立党组织的外资企业、合资企业就业的毕业生，党组织关系转往企业所在地的人才交流服务中心。

(8)就业协议书。

就业协议转移是经学校签证的用人单位录用毕业生的凭据，用人单位或企业所在地的人才交流服务中心一般会在毕业生报到时验证。即使用人单位不验证，毕业生也应该留存一份,有备无患。

三、报到可能遇到的问题与处理办法

(一)用人单位拒绝接收

毕业生报到时,有的用人单位以减编、裁员、人事调整、专业不对口、公司不景气、招聘工作人员未征得领导同意、其他合伙人不同意等理由拒绝接收,这是一种严重的违约行为。根据教育部有关规定,按就业计划派遣的毕业生,用人单位不得拒绝接收或退回学校。对擅自拒收的用人单位,由其主管部门责令改正,并对有关负责人员给予行政处分。因此,遇到此类情况,毕业生要求用人单位予以妥善解决,用人单位未予解决的,毕业生可向当地人才交流中心或毕业学校提出申诉,寻求帮助。

(二)违背协议约定使用毕业生

毕业生报到时发现用人单位对自己的安排与当初签订的就业协议书不符,一方面可以要求用人单位进行更正,另一方面可以与用人单位协商解除就业协议书,由用人单位写出书面解除函,毕业生重新落实就业单位,进行改派。

(三)证件不齐或遗失

毕业生报到时,用人单位都会验收和验证毕业生的相关证件。如果证件不齐或遗失,毕业生应及时联系相关证件办理部门申请补办。

四、就业方案的调整与改派

对解除就业协议书的毕业生,学校一般采取就业调整和改派的方式重新派遣。学校就业方案报省教育厅审核批准之前,毕业生因特殊原因解除了原就业协议书,需要重新签订就业协议书并报学校审查通过重新鉴证,称之为就业调整。对已经按照省级教育主管部门审核批准的就业计划派遣,因故解除原就业协议书需要签订新的就业协议书并报学校审查通过重新派遣,称之为改派。

派遣到地方毕业生就业主管部门人才交流服务中心,并且在规定时间内报到登记的需要办理报到证的毕业生,可在两年内办理改派手续。

五、报到材料的补办

(一)毕业证书的补办程序

按国家规定,高校毕业生毕业证书遗失后,可以申请补办学历证明书,不能补办毕业证书。学历证明书由省教育厅监制,内容与毕业证书基本相同,贴本人免冠照片,盖学校印章并印编号。学历证明书具有毕业证书同等效力,出国使用者可由公证处公证。补办学历证明书一般应遵循下列程序:

①个人申请,写清自己的入学时间和毕业时间,以及所学专业、年龄、性别和现工作单位等。

②提供身份证原件及复印件,提供本人1寸、2寸蓝底证件照各一张(含电子版)。

③向毕业学校教务处申请补办,毕业学校教务处对其情况核查无误后,可补发学历证明书。

④由原毕业学校教务部门具体办理并加盖印章。

(二)户籍关系的补办程序

应届毕业生携带身份证、毕业证原件和用人单位所在地或生源所在地派出所(户政中心)出具未入户的证明,到学校所在地派出所(户政中心)申请补办。派出所(户政中心)依据迁出的原始材料存根,核对无误,给予审批补发。

第二节　师范生就业权益保障

在竞争日益激烈的就业市场中,师范生作为一个庞大的就业群体,就业权益受到侵害的现象时有发生。面对侵权情况,师范生相当一部分往往不知道该如何维护自身的合法权益。因此,他们需要了解就业过程中的权利和义务,掌握相关的法律法规政策及法律知识,学会用法律武器维护自身的合法权益,提高就业权利意识。

一、师范生就业权益的基本内容

师范生作为毕业生的一个群体,同样享有相关法律法规为毕业生规定的权益。了解自己在就业过程中享有的权利是维护自身合法权益的前提。根据相关法律法规的规定,毕业生目前主要享有以下几个方面的权益。

(一)接受就业指导权

我国《中华人民共和国高等教育法》规定,"高等学校应当为毕业生、结业生提供就业指导和服务"。由此可以看出,毕业生有权从学校处获得接受就业指导。学校应成立专门机构,安排专门人员对毕业生进行就业指导,及时向毕业生传达有关就业方针、政策、法规,并对学生进行择业观念、择业技巧等方面的指导,引导毕业生根据国家、社会需要,结合个人实际情况进行择业。

(二)被推荐权

学校推荐往往会在较大程度上影响用人单位对毕业生的取舍,毕业生在就业中有权得到学校的如实推荐。高校在就业工作中的一个重要职责就是向用人单位推荐毕业生。毕业生享有的被推荐权应包含这几方面内容:如实推荐、公正推荐、择优推荐。

(三)自主择业权

《劳动法》第三条规定,劳动者享有选择职业的权利。因此,作为求职方的毕业生(委培生、定向生除外),在就业市场上享有自主选择职业的绝对权利,可以按照自己的兴趣爱好和能力去选择自己将要从事的职业。家长、学校和用人单位可以为他们提供择业意向方面的建议、参考、推荐和引导,但不能强迫或限制他们选择职业。实行招生并轨后的毕业生要在国家就业方针政策指导下自主择业,只要符合国家的就业方针、政策,毕业生就有权自主地选择用人单位,任何强迫毕业生到某单位就业的行为都是侵犯毕业生择业自主权的行为。

(四)平等就业权

毕业生享有平等就业的权利。《劳动法》规定,"劳动者享有平等就业和选择职业的权利","劳动者就业,不因民族、种族、性别、宗教信仰不同而受歧视"。但在实际就业过程中,毕业生平等就业的权利常常受到侵犯,"就业歧视"现象屡见不鲜,它破坏了市场的公平竞争环境,造成了人力资源的巨大浪费。在当前,毕业生的公平待遇权受到很大的冲击,其也最为毕业生所担忧。由于各项配套措施滞后,完全开放公平的就业市场尚未真正形成,用人单位录用毕业生还不同程度存在不公平、不公正的现象。这一问题的根本解决,还有待于相关法律条例的制定和完善。就目前来说,更重要的是求职者自身维权意识的加强。毕业生在就业求职过程中,应当享有平等就业权。平等就业,应当包括及时、全面、有效地获取就业信息,能被公平、公正对待,参加"双选"时和用人单位自主洽谈协商。公平受录用权是毕业生最为迫切需要得到维护的权益。

(五)违约求偿权

毕业生的就业协议一经签订,毕业生、用人单位、学校任何一方不得擅自毁约,都应严格履行。任何一方提出变更或解除协议,均须得到另外两方的同意,并应承担违约责任。如用人一方违约,毕业生有权要求用人单位承担违约责任,支付违约补偿。

除上述五种权利外,毕业生在就业过程中还享有获取信息权、知情权等。

二、师范生就业的法律保障

师范生需要了解与就业相关的法律常识,才能在自身权益受到侵犯时,运用相应的法律知识来维护自己的合法权益。

(一)《劳动法》

1994年7月5日,第八届全国人大常委会第八次会议通过了《劳动法》,自1995年1月1日起施行。这是一部保护劳动者合法权益、调整劳动关系的法律。师范生作为劳动者在求职择业过程中必须掌握该法律的有关内容,才能避免自己的权益遭到侵害。

《劳动法》规定:劳动者享有平等就业和选择职业的权利、取得劳动报酬的权利、休息休假的权利、获得劳动安全卫生保护的权利、接受职业技能培训的权利、享受社会保险和福利的权利、提请劳动争议处理的权利及法律规定的相应的劳动权利。《劳动法》还对劳动者工作时间及延长工作时间等做了相应的规定。

(二)《劳动合同法》

2007年6月29日,第十届全国人民代表大会常务委员会第二十八次会议通过了《劳动合同法》,自2008年1月1日起施行。这是一部调整平等主体的劳动者与用人单位之间订立和履行劳动合同的法律。师范生正式报到后与用人单位签订的劳动合同也应符合《劳动合同法》的有关规定,因此,在与用人单位签订劳动合同前,应对《劳动合同法》的相关规定进行了解,特别是合同订立阶段的有关注意事项,以更好地维护自身的合法权益。

《劳动合同法》规定了其调整对象和适用主体。从相关法条可以看出,凡是通过合同而形成的劳动关系,由《劳动合同法》调整,其他的则不予调整。需要特别注意的是,国家机关、事业单位、社会团体只有与劳动者建立劳动关系的,才适用《劳动合同法》。其次,《劳动合同法》的适用主体是劳动者与用人单位。此处的用人单位的地域范围是境内,所以外国企业的驻华代表如果在中国境内开展业务,也要受到《劳动合同法》的调整。

《劳动合同法》还对订立劳动合同的原则、形式、期限、劳动合同的生效及文本的保管、劳动合同应具备的条款及试用期的有关条款、劳动合同中违约金的约定等做了详细的规定,对保护劳动者的切身权益有着十分重要的作用。

(三)《普通高等学校毕业生就业工作暂行规定》

《普通高等学校毕业生就业工作暂行规定》是指导毕业生就业工作的最根本、最具有原则性的规定。其主要内容涉及毕业生就业工作程序,毕业生就业指导与毕业生鉴定,供需见面和双向选择活动,就业计划的制定,调配、派遣工作,接收工作及毕业生待遇,违反规定的处理等方面。它对全国高校、毕业生、用人单位具有普遍约束力,是目前最为系统的就业规范。此外,国务院办公厅转发了教育部等部门《关于进一步深化普通高等学校毕业生就业制度改革有关问题意见的通知》(国办发〔2002〕19号),教育部、公安部、人事部、原劳动和社会保障部《关于切实做好普通高等学校毕业生就业工作的通知》(教学〔2002〕16号)等文件,这些是毕业生就业制度改革的新政策,毕业生需要及时学习了解。

(四)《中华人民共和国教师法》(以下简称《教师法》)

除了以上对所有毕业生通用的法律法规外,还有一些仅与师范生相关的法律法规。《教师法》第十条规定:"国家实行教师资格制度。中国公民凡遵守宪法和法律,热爱教育事业,具有良好的思想品德,具备本法规定的学历或者经国家教师资格考试合格,有教育教学能力,经认定合格的,可以取得教师资格。关于教师的资格和任用,《教师法》第十一条还规定取得教师资格应具备相应的学历。

另外,《教师法》还规定学校和其他教育机构应当逐步实行教师聘任制。教师的聘任应当遵循双方地位平等的原则,由学校和教师签订聘任合同,明确规定双方的权利、义务和责任。

综合来讲,具备《教师法》所规定的思想品德和学历要求,尚未达到退休年龄的人员;身体条件合格人员;普通话达到国家规定的标准,具有相应的等级合格证书的人员;必须取得教育学、心理学考试合格证书并参加教育教学能力测试成绩合格者,才能取得相应教师资格证书继而从教。

(五)(教育部直属师范大学师范生免费教育实施办法(试行))(以下可称《实施办法》)

该《实施办法》是教育部专门针对师范生颁布的一个优惠政策。《实施办法》规定:"从2007年秋季入学的新生起,在北京师范大学、华东师范大学、东北师范大学、华中师范大学、陕西师范大学和西南大学六所部属师范大学实行师范生免费教育。"免费师范生入学前与学校和生源所在地省级教育行政部门签订协议,承诺毕业后从事中小学教育十年以上。到城镇学校工作的免费师范毕业生,应先到农村义务教育学校任教服务两年。""免费师范毕业生未按协议从事中小学教育工作的,要按规定退还已享受的免费教育费用并缴纳违约金。省级教育行政部门负责履约管理,并建立免费师范生的诚信档案。确有特殊原因不能履行协议的,需报经省级教育行政部门批准。""免费师范毕业生一般回生源所在省份中小学任教。"有志从教并符合条件的非师范专业优秀学生,在入学两年内,可在教育部和学校核定的计划内转入师范专业,并由学校按标准返还学费、住宿费,补发生活费补助。免费师范生可按照学校规定在师范专业范围内进行二次专业选择。"免费师范生毕业前及在协议规定服务期内,一般不得报考脱产研究生。""免费师范毕业生经考核符合要求的,可录取为教育硕士专业学位研究生,在职学习专业课程任教考核合格并通过论文答辩的,颁发硕士研究生毕业证书和教育硕士专业学位证书。"

三、就业协议书与劳动合同的签订

对师范生来说,就业协议书与劳动合同是他们在毕业时必须要用到的书面文本,所以掌握这些通用的法律常识对师范生的就业起着非常重要的作用。

(一)《就业协议书》与劳动合同的签订

1.就业协议书的签订

就业协议书的概念和主要内容。教育部高校学生司制定的《就业协议》,简称为"三方协议",是由毕业生、用人单位和学校三方之间就学生就业方向签订的一种协议,由三方共同签署后生效。其内容包括以下五个部分:

①用人单位的情况及意见。

②毕业生的情况及意见。

③学校意见。

④备注。

⑤规定条款(《就业协议》背面)。

就业协议书的法律性质和地位。根据我国法律规定,合同是平等主体的自然人、法人和其他组织之间设立、变更、终止民事权利义务关系的意思表示一致的协议。毕业生所签订的就业协议书的主体是平等的,是在双方意思表示一致后订立的,并且协议书所涉及的权利义务均属于我国民事法律调整的范围,所以毕业生就业协议书具有合同的属性。就业协议书是明确毕业生、用人单位、学校三方在毕业生就业工作中的权利和义务的书面表现形式。协议在毕业生到单位报到、用人单位正式接收后自行终止。就业协议书能保障毕业生、用人单位各自的权益,是学校制定、国家审批毕业生就业计划的依据。

就业协议书的原则、程序和注意事项。当毕业生与用人单位在洽谈、协商基础上达成一致意见,便以就业协议的形式将这种关系确定下来,这就是签约。毕业生在签署就业协议书时,要遵循一定的原则和法定程序,才能最大限度地保障自己的权益。

(1)用人单位在对毕业生综合考察的基础上初步确定用人意向,由用人单位出具加盖公章的接收函,毕业生凭此函到学校就业主管部门领取三方协议。

(2)毕业生与用人单位就协议书中所列事项平等协商,在双方在场的情况下,认真填写各项基本资料并签名盖章,如另有其他约定条款的,需在就业协议书上注明或另附补充协议。

(3)学校盖章。毕业生应在十个工作日内持与用人单位双方签字盖章后的就业协议书到学校就业主管部门登记盖章。学校需对就业协议书中的内容及双方签字盖章的效力进行形式审查,签署意见,然后将该毕业生纳入当年的就业派遣方案。

(4)学校签署意见后,学校保留一份协议,毕业生自己执一份,并由毕业生将另一份协议及时反馈给用人单位。

签署就业协议书是一种法律行为,协议书一经签订,便视为生效合同,具有法律效力。因此,毕业生应注意协议内容是否明确,是否完整,避免模棱两可、含糊不清等,尤其要对关系到自己切身利益的工资待遇、工作期限(包括试用期)、发展前途、社会保障、违约责任等方面的条款逐字逐句推敲、斟酌,以免日后产生歧义。

2.劳动合同的签订

(1)劳动合同概念。

《劳动法》第十六条规定:劳动合同是劳动者与用人单位确立劳动关系,明确双方权利和义务的协议。

(2)劳动合同的分类。

劳动合同按照标准可划分为不同的种类,最常见的分类有以合同的目的为标准,划分为聘用合同、录用合同、借调合同等;以合同的期限为标准,划分为固定期限劳动合同、无固定期限劳动合同、以完成一定工作任务为期限的劳动合同;按照劳动者人数不同,划分为个人劳动合同和集体劳动合同。

(3)劳动合同的基本内容。

劳动合同的内容与劳动者的权益密切相关,毕业生正式报到后一定要按照相关的原则、形式和内容要求等与用人单位签订劳动合同。劳动合同的内容指的是劳动合同中双方共同达成的规定双方当事人权利与义务的有关条款。任何一份劳动合同,都应包含两个基本部分。

第一部分,又称劳动合同的法定条款,是《劳动法》规定的劳动合同必须具备的条件。按照《劳动法》规定,劳动合同的法定条款包含以下几项:劳动合同期限;工作内容;劳动保护和劳动条件;劳动报酬;劳动纪律;劳动合同终止的条件;违反劳动合同的责任。

第二部分,是指劳动者和用人单位在不与国家法律及有关规定相抵触的前提下,双方协商约定的那部分合同内容。比如劳动者担任的职务发生争议时解决的途径等内容。

常见的协商条款有试用期条款、培训条款、保密条款等。在此需要提到的是,试用期是劳动合同中的一项约定,没有单独的试用期合同,用人单位和大学生约定试用期考察合格后才签订正式的劳动合同,这是明显违反法律规定的。

(4)劳动合同的签署原则。

根据《劳动合同法》的规定,毕业生在与用人单位签订劳动合同时,应注意以下几个原则。

一是合法原则,主要从以下三方面内容来把握。其一签订劳动合同的主体合法:用人单位必须是依法设立的企业、事业单位、国家机关、社会团体和个体经济组织等;劳动者必须是达到法定年龄、具有劳动权利能力和行为能力的自然人。其二劳动合同的内容合法,即劳动合同的所有条款都不能违反国家法律、法规的规定。其三劳动合同订立的形式和程序必须合法,即劳动合同必须有规范的文本,并经用人单位与劳动者在劳动合同文本上签字或者盖章生效。劳动合同文本由用人单位和劳动者各执一份。

二是公平原则。公平原则是指劳动合同当事人要公平地确定合同权利义务使双方的权利义务对等,合同当事人不得利用自己的优势地位或对方的不利地位而订立显失公平的合同。

三是平等、自愿、协商一致原则。平等是指当事人双方在签订劳动合同时依照法律规定地位平等,没有任何隶属关系、服从关系,即用人单位与劳动者是以平等的身份订立劳动合同的;自愿是指订立劳动合同完全出于当事人自己的意志,任何一方不得把自己的意志强加给另一方,也不允许第三者干涉劳动合同的订立;协商一致是指合同的双方当事人对合同的各项条款,只有在双方充分表达自己意志的基础上,经过平等协商,取得一致意见的情况下,劳动合同才能成立。凡是违反平等自愿、协商一致原则签订的劳动合同,不仅不具有法律效力,而且双方当事人应承担一定的法律责任。

四是诚实信用原则。诚实信用原则是指劳动合同当事人在订立劳动合同时要诚实,不得有欺诈行为。

(5)劳动关系的法律特征。

在签约的基础上,毕业生完成大学学业领取了就业报到证之后,去用人单位上班,此即为正式报到。为了更好地保障自己的权益,毕业生应及时和用人单位签订劳动合同,此时劳动者与用人单位之间依据劳动合同形成了法律上的权利义务关系即劳动关系。这种法律关系,具有以下几种法律特征:

一是劳动关系的主体是特定的,即一方是劳动者,另一方是用人单位。用人单位包括企事业单位、机关、社会团体、个体工商户等。

二是劳动关系的发生、变更和终止,以及当事人双方在劳动过程中的权利、义务等均应依照《劳动法》和《劳动合同法》处理。

三是劳动合同的标的是劳动过程,而不仅仅是劳动成果。只要劳动者按时完成了劳动合同所规定的工作量,用人单位就应当按照劳动合同的约定支付劳动报酬。

3.就业协议书与劳动合同的区别

(1)签订时间不同。

就业协议的签订时间是学生在校期间,而劳动合同是在大学生毕业离校后到单位正式报到后签订的。

(2)主体不同。

就业协议的主体是三方,即学校、毕业生和用人单位;而劳动合同的主体是两方,即劳动者和用人单位。

(3)内容不同。

就业协议的主要内容是毕业生如实介绍自身情况,并表示愿意到用人单位就业,用人单位表示愿意接收毕业生,学校同意推荐毕业生并列入就业方案;而劳动合同是记载劳动者和用人单位的权利和义务,是劳动关系确立的法律凭证。

(4)目的不同。

就业协议是毕业生和用人单位关于将来就业意向的初步约定,经用人单位的上级主管部门和高校就业部门统一鉴证,一经毕业生、用人单位、学校签字盖章,即具有一定的法律效力,是编制毕业生就业方案和将来双方订立劳动合同的依据;而劳动合同是约束劳动者和用人单位履行权利与义务的依据。

(5)适用的法律不同。

三方协议的制定、发生争议后的解决依据主要是《国家关于高校毕业生就业的规定》《民法》《合同法》等,而劳动合同的订立及发生争议后的解决依据主要是《劳动法》和《劳动合同法》。

所以,就业协议不能等同于劳动合同。在就业中处于弱势地位的大学生,千万不能因为签订了就业协议就忽视了劳动合同的签订,万一发生事故或其他劳动纠纷则很难得到全面保护。

(二)就业过程中的违约、违约责任及劳动争议的解决

1.关于违约

国家基于维护广大毕业生的利益,要求用人单位维护毕业生就业计划的严肃性,且规定就业协议一经签订,用人单位不得拒收毕业生,同时毕业生也不得随意更换单位,否则都属于违约行为。

2.违约责任

签订《就业协议》后一般不允许违约。双向选择的就业机制及各单位在招聘时间上存在的差异,使毕业生在就业过程中,违约现象时有发生。一方面,用人单位单方面违约,在这种情况下,毕业生应该具有维权意识,主动运用法律的武器积极主张权利,追究用人单位的违约责任,也可以向用人单位上级主管部门和学校申诉,必要时可以向单位所在地劳动仲裁机构投诉或直接向人民法院起诉,从而保护自身的合法权益。另一方面,可能是毕业生出于种种原因造成的违约,这时候,毕业生应该跟用人单位在坦诚协商的基础上,合理解决并取得原单位同意后,再跟新单位签订新的三方就业协议。但任何情况下其中一方提出违约的,都须经另两方同意后才能办理并要承担违约责任。另外,毕业生还须履行以下职责:

一是要征得原用人单位同意,并出示原单位向学校开具的退函,将因此造成的对学校的不良影响减至最小。

二是违约调整要符合国家就业政策导向。

三是学校审核同意毕业生个人违约后,毕业生提供新单位的接收函,重新办理相关手续。

3.劳动争议的解决

《劳动法》第七十七条规定:"用人单位与劳动者发生争议,当事人可以依法申请调解、仲裁、提起诉讼,也可以协商解决。"另外,根据《劳动法》第七十九条及《中华人民共和国企业劳动争议处理条例》(1993年7月6日国务院颁布),劳动争议处理程序可以分为协商、调解、仲裁、诉讼四个阶段。当然,这些阶段并不是按先后顺序的,当事人可以依法选择。

(1)协商。

《劳动法》第七十九条及《中华人民共和国企业劳动争议处理条例》第六条规定:劳动争议发生后,当事人应当协商解决;不愿协商或协商不成的,可以向本单位劳动争议调解委员会申请调解。可见,协商不是处理劳动争议的必经程序,不愿协商的可以直接向本单位劳动争议调解委员会申请调解。

(2)调解。

《劳动法》第七十九条及《中华人民共和国企业劳动争议处理条例》第六条规定:调解不成的,当事人一方要求仲裁的,可以向劳动争议仲裁委员会申请仲裁。当事人一方也可以直接向劳动争议仲裁委员会申请仲裁。可见,调解也不是处理劳动争议的必经程序。

(3)仲裁。

《劳动法》第七十九条及《中华人民共和国企业劳动争议处理条例》第六条规定:对仲裁裁决不服的,可以向人民法院提起诉讼。因此,仲裁是处理劳动争议的必经程序。

(4)诉讼。

《劳动法》第八十三条规定:劳动争议当事人对仲裁裁决不服的,可以自收到仲裁裁决书之日起十五日内向人民法院提起诉讼。一方当事人在法定期限内不起诉又不履行仲裁裁决的,另一方当事人可以申请人民法院强制执行。

参考文献

[1]田宝,赵耀,田盈雪.职业心理学[M].北京:首都师范大学出版社,2011.
[2]刘淑玲.师范生职业发展与就业指导[M].北京:高等教育出版社,2010.
[3]林牧,李隽,曹晓丽.职业生涯开发与管理[M].北京:清华大学出版社,2010.
[4]王红艳.新手教师在学校实践共同体中的学习[M].重庆:重庆大学出版社,2012.
[5]中国就业培训技术指导中心,中国心理卫生协会.心理咨询师基础知识[M].北京:民族出版社,2015.
[6]谢雅萍,周芳.大学生职业决策困难及其影响因素研究[J].广西大学学报(哲学社会科学版),2011(05).
[7]庄梦瑶.硕士研究生职业决策困难的特点、影响因素及其干预研究[D].大连:辽宁师范大学,2013.
[8]邢硕.师范生实习支教的现状分析及对策[J].教育观察,2015(21).
[9]潘科.完善实践教学体系提升未来教师从教能力[J].齐齐哈尔师范高等专科学校学报,2015(6).
[10]阴小健.师范类大学生就业现状分析及对策探讨[J].齐鲁师范学院学报,2014(4).
[11]陈淑芳.师范类大学生就业困境与对策研究[J].西北成人教育学报,2013(5).
[12]何世冰.民族地区外语师范类大学生就业问题及对策[J].广西师范学院学报,2013(7).
[13]吴冰,范小燕.对师范院校大学生就业问题的思考[J].阴山学刊,2013(8).
[14]刘哲丰.地方师范院校大学生就业问题成因及对策[J].教育与职业,2013(8).
[15]曹铁平.高等师范类毕业生就业分析及对策研究[J].白城师范学院学报,2013(8).
[16]梁恒源.师范类大学生就业质量研究[D].郑州:河南师范大学,2015.
[17]邓杨.我国地方政府促进大学生就业政策研究[D].南昌:江西财经大学,2015.
[18]张玉洁.广西高校师范业生培养现状研究[D].桂林:广西师范大学,2015.
[19]刘莹.师范类大学生社会责任感培养研究[D].桂林:广西师范大学,2014.
[20]罗星.非免费师范生教师职业认同研究[D].大连:辽宁师范大学,2014.